DIE SCHÖNSTEN DÖRFER FRANKREICHS

TES DU ROYAUME DE FRANCE.

Suitte du Nombre des Lieux qu'il y a de Paris aux Princi palles Villes du Roy : et d'All :

DE PARIS A		Lieues
Lucon	†	108
Luxembourg		74
LION	†	100
Magny	†	114
Mans	†	44
Mante		10
Marienbourg		46
Marsal		80
Marseille	†	155
Mason	†	90
Maubeuge		50
MAYENCE	†	106
Mayenne		50
Meaux	†	10
Melun		10
Mende	†	112
Menin		53
METZ	†	68
Meulan		8
Mezieres		50
Mirepoix		152
Monaco		184
MONS		45
Montreuil		48
Montargis		24
Montauban	†	128
Monbeliart		94
Montelimart		125
Mont Louis		172
Mont Medy		67
Montpellier	†	150
Mont Royal		100
Mont St. Michel		80
Mortagne		30
Moulins		65
MUNICH		
Namur	†	58
NANCY		74
Nantes	†	82
Narbońe	†	166
Nemours		18
Nevers	†	54
Nice	†	180
Niort		104
Nismes	†	140
Nogent Sur S.		22
Noyon	†	22
NURMBERG		
Oleron		120
Orange		134
ORLEANS	†	30
Pamiers	†	150
Perigueux	†	100
Peronne		30
Perpignan	†	176
Phalsbourg		92
Philippe Ville		53
Philisbourg		52
Pignerol		155
Poitiers	†	86

DE PARIS A		Lieues
Pt. a Mousson		70
Pt. St. Esprit		131
Port Louis		140
Port de Sette		158
PRAGUE		
Quesnoy		43
Quimpercor?		128
Re Isle		130
Rennes	†	72
Rheims	†	35
Rethel		43
Richelieu		78
Rieux	†	150
Riez	†	163
Riom		78
la Rochelle	†	116
Rocroix		54
Rodez	†	127
Rouanne		84
ROUEN	†	29
Saar Louis		79
St. Brieux	†	108
St. Bretrand	†	165
St. Claude		96
St. Dizier		55
St. Etienne		102
St. Germain		5
St. Jean d'Ang.		108
St. Jean de Mort		134
St. Jean P. de Pt.		154
St. Leger	†	158
St. Malo	†	80
St. Menehoud		49
St. Omer	†	51
St. Pierre le M.		60
St. Pol de Leon	†	126
St. Pons	†	160
St. Quentin		31
St. Tropez		169
Saintes	†	95
Salces		173
Salins		85
Sarbourg		88
Sarbrick		84
Sarlat	†	108
Sarlouis		79
Saverne		94
Saumur		54
Schlestat		99
Sedan		53
Sees	†	38
Senez	†	152
Sens	†	26
Senlis	†	10
Sisteron	†	144
Soissons	†	22
Spire	†	109
Stenay		56
STRASBOURG	†	100
STUTGARD		
Tarascon		144
Tarbes	†	160
Thionville		73
Thouars		84
THOULOUSE	†	137
Tonnere	†	42
Toul	†	70
Toulon	†	164
Tours	†	62
Tournay	†	48
Treguier	†	118
TREVES	†	82
Troyes	†	34
Tulle	†	97
TURIN	†	160
Valence	†	118
Valencieńes		43
Valogne		79
Vannes	†	104
VENISE		
Verdun	†	57
Versailles		4
Vezelay		47
VIEŃE en A.	†	
Vienne	†	104
Villerscoterest		16
Vitry le Fr.		48
Viviers	†	128
Vitray		65
Ulm		
Vzes	†	137
Ypres	†	56

Bildnachweis:

Slide/Repérant: 6/7, 11, 12/13, 14/15, 16/17, 20/21, 28/29, 38/39, 40/41, 42/43, 46/47, 48/49, 52/53, 54/55, 56/57, 58/59, 60/61, 66/67, 72/73, 74, 76/77, 78/79, 80/81, 83, 84/85, 86/87, 88/89, 90/91, 92/93, 96/97, 100/101, 106/107, 136
Slide/Cartier: 95
Slide/Cash: 129
Slide/Dubonnet: 68
Slide/Dune: 62/63, 70/71, 98/99
Slide/Huitel: 108/109, 110/111
Slide/Koechlin: 69
Slide/Pétri: 44/45
Slide/Roignant: 36/37
Slide/Sénolf: 26/27, 34/35

Eparzier: 1, 18/19, 30/31, 104/105
Le Figaro Magazine/Lechenet: 22/23, 94, 112
Gsell: 24/25, 51, 64/65
Pix/Marcou: 32/33
Tallandier/Archives nationales: 133

Cover: **Simiane-la-Rotonde** (Eparzier)
Seiten 6/7: **La Roque-Gageac, Dordogne** (Slide/Repérant)
Seite 11: **Collonges-la-Rouge, Corrèze** (Slide/Repérant)
Seiten 133: **Plan eines Bauernhofs, 1455, Somme** (Tallandier/Archives nationales)
Buchrücken: **Lautrec, Tarn** (Slide/Repérant)

Originaltitel: Les Villages de France
Texte: Suzanne Madon
Mitarbeit: F. B.

Übersetzung aus dem Französischen: Prologos Sprachendienste, Köln
Redaktion: Das Redaktionsbüro, Köln
Satz: ce redaktionsbüro für digitales publizieren, Erkelenz
Gesamtherstellung:
KOMET MA-Service und Verlagsgesellschaft mbH, Frechen

ISBN 3-89836-152-7

DIE SCHÖNSTEN DÖRFER FRANKREICHS

Suzanne Madon

Vorwort
Denis Tillinac

KOMET

RESTAURANT

VORWORT

Um auf die schönste Reise der Welt zu gehen, braucht man nur ein Auto, eine Michelin-Reisekarte und einen Sinn für Poesie. Diese Reise ist ein endloses Dahindriften auf den Straßen der französischen Departements zwischen den tausend Dörfern, den tausend kontrastreichen Gesichtern einer mal heimlichen und mal glänzenden Schönheit.

Wenn Riquewihr zwischen seinen Weinreben im bläulichen Schatten des Mont Sainte-Odile erscheint, wenn sich Roussillon auf seiner roten Bergspitze zeigt, wenn man das Profil der Abtei von Conques zwischen den Schluchten erkennt, so sind die Grenzen der Zeit nicht mehr existent und jene der Realität verblassen: Man gelangt in das zauberhafte Königreich der eigenen Kindheitsträume. Die Dörfer dieser von Fernand Braudel so sehr geschätzten »Länder« weben einen vielfarbigen Teppich, dessen Muster sich in das geografische Dekor einfügen und die unbeschreibliche Vielfalt der »doulce France« widerspiegeln. Diese Dörfer wecken Vorstellungen von Glück und Unglück einer aussterbenden Ländlichkeit. Würden wir diese vergessen, wären wir nichts weiter als ein Spielball der gefährlichen Einflüsse der modernen Zeiten. Sie erinnern auch an den guten Geschmack unserer seligen, ländlichen Bürgerlichkeit.

Vor dem Auge des Wanderers, der die vom Massentourismus heimgesuchten Orte meidet, zieht die ganze Geschichte Frankreichs vorbei. Zwischen den schwarzen Basaltmauern von Salers erwacht vor ihm das Mittelalter zu neuem Leben, inbrünstiger Glaube entbrennt ihm vor der Kirche von Talmont, auf der Ile de Sein, im Antlitz des Ästuars, erfährt er die Sage der Résistance. Über den Höhen von Vézelay weht der Geist: Er ruht aus in der Auge mit ihren scheckigen Kühen, ihren Apfelbäumen und den Weiden entlang des Beuvron. In der Gesamtheit betrachtet handelt es sich bei dieser Eingebung um die fremdartige Anrufung an den demütigsten Geist eines Volkes, das den Sinn des Schönen und der Vertrautheit tief im Herzen trug. Hat es das Geheimnis dieser überall spürbaren harmonischen Anmut verloren? Man mag es bezweifeln.

Mangels einer zeitgenössischen Ästhetik, die unserer Trauer – der Ausdruck mag wohl schwach sein – ein Ende bereiten würde, kenne ich keine bessere Art der Pädagogik als die, den Kindern der Städter und Vorstädter diese Häuser zu zeigen, die sich um einen Glockenturm, einen Bergfried oder um ein Kloster kauern – diese Häuser, die mit bloßer Hand von Menschen gebaut wurden, die ganz spontan das zelebrierten, was wir vergeblich suchen: die Vereinigung des Trivialen mit dem Erhabenen. Wir sind aller Dinge müde, weil uns alles gezeigt wird, doch der letzte Zauber liegt jenseits allen Begehrens.

Denis TILLINAC

INHALT

Nord-Picardie Champagne Ardennen

Der Norden ist geprägt von einer komplexen Geschichte, in der das Herzogtum Burgund, das Reich ***Karls V.*** und die spanischen Niederlande ihre großen Stunden hatten. In den Ebenen Flanderns, die begrenzt sind von der Nordsee, den Hügeln des Artois und der Heckenlandschaft des Hennegau sowie des Avesnois, finden sich zahlreiche Zeugnisse für diese historischen Wechselfälle. »Die Champagne und Flandern sind im Mittelalter die einzigen Regionen, die im historischen Maßstab mit Italien rivalisieren können«, schrieb ***Michelet***. *Die Sonne Satans* spielt, wie auch andere Werke ***Georges Bernanos'***, im Artois, während ***Marguerite Yourcenar*** sich in den *Archives du Nord* ihrer Kindheit erinnert.

Das Herz der großen Städte, wie Lille, Arras, Béthune oder Douai, schlägt im Schatten eines mittelalterlichen Glockenturms rund um eine *Grand-Place*. Diese Plätze, die von Giebelhäusern mit kunstvoll gearbeiteten Fassaden umgeben sind – prachtvolle Beispiele der flandrischen Gotik – stammen größtenteils aus dem goldenen Zeitalter der Tuchhändler aus dem Norden. Auf ihnen finden noch heute die traditionellen Kirchweihfeste statt, die *kermesses*. Auch andere Traditionen haben sich erhalten: In Calais werden noch immer feine Spitzen hergestellt und in Cambrai die köstlichen, *bêtises* genannten Pfefferminzbonbons. Die Häuser sind im Allgemeinen niedrig und bestehen aus roten oder ockergelben Ziegelsteinen, die gelegentlich auch mit Kalk geweißt sind. Wenn auch der Bergbau inzwischen aufgegeben wurde, so prägen seine Spuren doch noch immer die Landschaften des Nordens. In der Gegend von Lens werden die langen Straßenzüge mit ihren Bergmannshäusern von den Halden überragt, auf denen langsam wieder Vegetation zum Vorschein kommt.

Wenige Kilometer von Dünkirchen entfernt drängt sich Bergues zwischen seinen von Wassergräben umgebenen und einst von ***Vauban*** verstärkten mittelalterlichen Stadtmauern. Der Bergfried, die Kanäle, die sich längs des Dorfes erstrecken, und die Mühle aus dem 18. Jahrhundert, die ein wenig außerhalb in Pitgam errichtet wurde, lassen deutlich den flämischen Charakter erkennen – ein landschaftliches Merkmal, das man auch weiter südlich in

Parfondeval

Die beiden Türme aus rotem Ziegelstein und der Bogen des Kirchenportals erinnern an die lange kriegerische Vergangenheit der Region. Hier, nördlich der Aisne, zwischen der Oise und der Sambre, befinden wir uns in der Thiérache, deren fruchtbarer Boden in der Vergangenheit so manche Begehrlichkeit erweckt hat.

Cassel wiederfindet. In dem auf einer Anhöhe erbauten Dorf sind rund um den gepflasterten Platz wunderschöne Häuser erhalten geblieben, darunter jenes, in dem 1915 der Generalstab des ***Marschall Foch*** untergebracht war. In diesem windreichen Landstreifen gab es früher Dutzende von Mühlen.

Von der Côte d'Opale aus mit ihren hohen Steilküsten der Kaps Blanc-Nez und Gris-Nez erstrecken sich Dünen aus feinem Sand bis hin zur Somme. Die Urlaubsorte Wimereux, Hardelot oder Le Touquet zieren schöne Villen zwischen Meer und Wald sowie lange Strände, die Badeurlauber und Strandsegler gleichermaßen anlocken.

Jenseits des Hafens von Etaples liegt Montreuil oberhalb der Canche. Die Stadtmauer und die Zitadelle, beide im Mittelalter erbaut, mussten mehrfach neu errichtet werden, weil die Truppen ***Karls V.*** sie fast vollkommen zerstört hatten. Von der Promenade entlang der Stadtmauer aus blickt man in das wunderschön gelegene Nachbartal, und in dem Marktflecken selbst sieht man die Abteikirche Saint-Saulve, gepflasterte Gässchen und die Häuser der Rue Clape-en-Bas mit ihren bunten Fensterläden. ***Victor Hugo*** verlegt den Wiederaufstieg seines Romanhelden Jean Valjean nach Montreuil. Im Artois errang ***Heinrich V. von England*** im Hundertjährigen Krieg einen entscheidenden Sieg, als die Auseinandersetzungen zwischen Burgund und Armagnac 1415 in Azincourt zur Zerschlagung der französischen Truppen führten.

»Die Geschichte des alten Frankreich scheint sich in der Picardie zusammen zu drängen. Der Hof residierte unter Friedegunde und Karl dem Kahlen in Soissons, Crépy, Verberie und Attigny. Pikardische Köpfe trieben die Republik unaufhaltsam voran, von Condorcet zu Camille Desmoulins, von Desmoulins zu Gracchus Babœuf. Die meisten der großen Künstler Frankreichs, Claude Lorrain, Poussin, Lesueur, Goujon, Mansart, Lenôtre oder David, kamen aus den nördlichen Provinzen«, schwärmte ***Michelet***.

Le Crotoy und Saint-Valery-sur-Somme umrahmen eine herrliche Bucht. Das aus Sumpfland gewonnene Gebiet der Marquenterre beherbergt einen riesigen ornithologischen Park, während das naheliegende Küstengebiet als Nahrungsquelle für Schafe dient, die auf den zeitweilig vom Meer überspülten Wiesen weiden. Zwischen Abbeville und Péronne trifft man im Tal der träge dahinfließenden Somme allenthalben auf Sümpfe und fischreiche Teiche. Um Amiens herum hat man die Sümpfe in kleine von Kanälen durchzogene Parzellen verwandelt, die so genannten *hortillonnages*, auf denen seit dem Mittelalter Frühgemüse, Obst und Blumen angebaut werden. Die Region ist nicht nur reich an Erinnerungen an die ältere oder neuere Geschichte – hier haben in beiden Weltkriegen entscheidende Ereignisse stattgefunden – sondern auch an Kirchen und Abteien. Die gewaltige Kathedrale von Amiens ist ein bemerkenswertes Zeugnis gotischer Baukunst wie auch die Stiftskirche von Abbeville mit ihrer kunstvoll gemeißelten spätgotischen Fassade. Auch Saint-Riquier, Corbie oder Bray-sur-Somme haben ein bedeutendes religiöses Erbe bewahrt. Lucheux im Authie-Tal ist von den Überresten eines Schlosses umgeben, von dem noch zwei Türme mit Helmdach erhalten sind.

Gerberoy

Dieses geschickt restaurierte reizende Dörfchen ist bekannt für die verschwenderische Fülle seiner Blumen im Frühjahr. Doch zeigt diese Winterlandschaft in der Abenddämmerung ein authentischeres Bild von Gerberoy, das einst eine ummauerte Stadt und seit den Zeiten von Wilhelm dem Eroberer Schauplatz zahlreicher Auseinandersetzungen war.

Saint-Quentin ist der Geburtsort von ***Quentin de La Tour***, dem berühmtesten französischen Pastellmaler. Er hinterließ Porträts aller großen Gestalten seiner Epoche (***Madame de Pompadour***, ***d'Alembert***, ***Voltaire***, ***Rousseau***). »Ich steige hinab in die Tiefen ihres Ichs, ohne dass sie sich dessen gewahr werden, und trage sie ganz und gar hinweg«, erklärte er.

Im Osten, zwischen Oise und Sambre, erstreckt sich das Hecken- und Weideland der Thiérache. Dort wird – nach einem neunhundert Jahre alten Rezept der Mönche von Maroilles – ein berühmter Käse hergestellt. In dieser Region hat man zum Schutz vor den Feinden statt der Burgen die Kirchen befestigt. In vielen Dörfern zwischen Guise und Parfondeval sind diese oft aus Ziegelstein bestehenden Bauwerke mit kleinen Türmen, Pechnasen und Bergfrieden erhalten geblieben, so beispielsweise in Plomion, Jeantes, Renneval oder Dohis. In Dohis findet man außerdem schöne alte Häuser mit hölzernem Fachwerk und Lehmbaufassaden. In Parfondeval leuchten die befestigte Kirche und das schmucke Dorf, das sie umgibt, von Rot bis Braun in allen Farbschattierungen des Ziegelsteins.

Südlich von Soissons, in Longpont, sind die Überreste eines Zisterzienserklosters aus dem 12. Jahrhundert erhalten, das im 18. Jahrhundert wieder aufgebaut wurde. Man betritt das am Rand des Waldes von Retz gelegene Dorf durch ein befestigtes, von kleinen Türmen überragtes Tor. Da die Abtei wohlhabend war und Engländer, Normannen und Burgunder begehrliche Blicke auf sie warfen, musste sie sich durch Befestigungsbauten schützen. Villers-Cotterêts, das im Herzen desselben Waldes liegt, hat mindestens in zweifacher Hinsicht Berühmtheit erlangt. ***Franz I.*** unterzeichnete dort 1569 eine Anordnung, durch die die lateinische Sprache, die bis dahin in Verwaltungsakten und Rechtsgeschäften benutzt worden war, durch das Französische ersetzt wurde; zugleich begründete er das Personenstandsregister. Villers-Cotterêts ist auch die Geburtsstadt von ***Alexandre Dumas***, der dort die ersten zwanzig Lebensjahre verbrachte. Ein anderer berühmter Schriftsteller hat nur wenige Kilometer entfernt das Licht der Welt erblickt: ***Racine*** wurde 1639 in Ferté-Milon geboren. Das Städtchen, das am Fluss Ourcq liegt, wurde auch regelmäßig von ***Jean de La Fontaine*** besucht, der sich dort mit seiner Verlobten traf.

Schon an der Grenze zur Normandie gelegen, war Gerberoy einst Schauplatz der Kämpfe zwischen Engländern, Normannen und Franzosen. Die Stadtmauern dieses hübschen, an der Oise gelegenen Dorfes mit blumen-

geschmückten Straßen halten die Erinnerung an diese turbulenten Zeiten wach. Mit seinen gepflasterten Straßen, seinen alten Marktplätzen, seinen Häusern, von denen einige aus Fachwerk bestehen, und seinem auf dem Festungsgrund angelegten Terrassengarten zählt Gerberoy zu den schönsten unter Denkmalschutz stehenden Dörfern. Am Rande des Waldes von Compiègne, in Pierrefonds, befindet sich nahe eines romantischen Sees eine Burg, die ***Viollet-le-Duc*** für ***Napoleon III.***, der daraus eine kaiserliche Residenz machte, vollständig wiederaufbaute.

»In der Champagne gibt es weder eine Stadt noch einen Marktflecken, die nicht ihren besonderen Reiz besäßen«, schrieb ***Hugo***. Entlang des Weges liegend, auf dem die Händler in die Handelszentren von Flandern nach Italien zogen, erlebte die Champagne im Mittelalter eine Blütezeit. Reims und Epernay sind heute die Hauptstädte des berühmtesten Weins der Welt, und so verfügen sie auch über die renommiertesten Kellereien. Die Entdeckung der doppelten Gärung, das eigentliche Geheimnis des Champagners, schrieb man lange Zeit ***Dom Pérignon***, Prior der Abtei von Hautvillers in den Bergen von Reims, zu. Noch heute findet man hier Fachwerkhäuser, die von der Hochblüte der Renaissance künden. Sie schmücken die alten Viertel von Städten wie Troyes, das besonders gut erhalten ist, aber auch die alten Dörfer: Genannt seien Saint-Amand-sur-Fion, Puellemontier oder Chaource, wo ein berühmter Käse hergestellt wird. Östlich von Troyes sind auch Kirchen mit Balkenwerk dekoriert, wie zum Beispiel die von Lentilles, die im 16. Jahrhundert erbaut wurde, oder die zwar schlichtere, aber nicht minder schöne von Bailly-le-Franc. Die Dörfer erheben sich hier mitten in der Heckenlandschaft und sind umgeben von Wiesen und Wäldern.

Weiter im Norden beschwören die Hügel der Argonnen die dunklen Tage der Revolution herauf: In Varennes wurde die königliche Familie festgenommen. In den Argonnen tobten auch die heftigen Schlachten während des Ersten Weltkrieges.

Zu Beginn des 12. Jahrhunderts gründete ***Bernard de Fontaine***, der spätere Heilige Bernhard, eine Zisterzienserabtei, die von Clairvaux bei Bar-sur-Aube aus eine beachtliche Ausstrahlung haben sollte. Wenige Kilometer entfernt liegt das Dorf Colombey-les-Deux-Eglises, das man mit ***Charles de Gaulle*** verbindet, der seinen Lebensabend in seinem Anwesen La Boisserie verbrachte. In Langres, am Rande von Burgund, wurde ***Denis Diderot*** in einer Familie von Messerfabrikanten geboren.

Die nördlich von Reims gelegenen Ardennen waren von jeher ein Durchgangsland, in das immer wieder Invasoren eindrangen. Zeugnis davon geben das Schloss von Bouillon, die Befestigungen von Rocroi oder auch die Burg von Sedan. Entlang der Straßen trifft man immer wieder auf Spuren von ***Paul Verlaine*** und ***Arthur Rimbaud***. ***Verlaine*** lebte in Juniville und in Coulommes, zwei Dörfern in der Nähe von Rethel, wo er Englisch unterrichtete, sowie in der Nähe von Roche, wo ***Rimbaud*** *Eine Zeit in der Hölle* schrieb. Charleville-Mézières, die Geburtsstadt von ***Rimbaud***, in der er auch begraben liegt, ist zu einem Wallfahrtsort für die Bewunderer dieses großen Dichters geworden.

Ville-Dommange und Sacy

Die Ansicht dieser beiden Dörfer in der Champagne offenbart eines der traditionellen Elemente des ländlichen Frankreich. Mit ihren zwei grünen Hügeln und ihren Wohnhäusern, die sich unter der vertrauten Silhouette eines einstmals als Versammlungsstätte dienenden Glockenturmes aneinander schmiegen, scheint das ländliche Leben seinen Fortbestand sichern zu können.

Elsass Lothringen

»Der Rhein, der Rhein ist trunken, wo sich die Reben spiegeln«, schrieb ***Apollinaire*** in seinen Rheinliedern, in denen er noch einmal an die Legende seiner schönen Loreley erinnert, der »blonden Hexe mit den Augen voller Edelsteine«. Der Fluss hat schon immer die Fantasie der Menschen beider Ufer beflügelt. Wie ***Erckmann*** und ***Chatrian*** in den *Contes des bords du Rhin* oder den *Romans nationaux* haben auch ***Hölderlin*** und ***Alexandre Dumas*** seine Schönheit besungen. Zu Beginn des 20. Jahrhunderts wurde dieses Fleckchen Erde, das lange von den beiden Anrainerstaaten begehrt war, in den Alben von ***Hansi***, *Les Clochers dans les vignes oder L'Histoire d'Alsace racontée aux enfants*, gepriesen. Zahlreiche elsässische Dörfer haben den Charme der vergangenen Jahrhunderte in einer Schatzkammer voller üppiger Weinberge, Wäldchen und Obstgärten für sich bewahrt.

In Straßburg, der geschäftigen Metropole, in der der Europarat tagt, ist das Viertel »Petite France« (Klein-Frankreich), das entlang des Kanals gebaut und früher von Gerbern bewohnt wurde, unversehrt erhalten geblieben. Seine Entsprechung in Colmar wurde »Klein-Venedig« getauft, obwohl hier die Fassaden, so wie die meisten elsässischen Häuser, Fachwerk verschiedenster Formen zeigen.

Von Weißenburg im Norden bis Mülhausen im Süden breiten sich im Elsass eine Reihe von Landschaften aus, zwischen der Rheinebene im Osten und den Ausläufern der Vogesen im Westen, gefolgt von den berühmten Belchen rund um Gebweiler und den bewaldeten Höhen des Sundgau in Süden.

Die Dörfer, die die Weinstraße des Elsass säumen, gehören zu den malerischsten. Von Marlenheim bis Thann verteilen sie sich entlang der Departements Bas-Rhin (Unterelsass) und Haut-Rhin (Oberelsass) und zieren die Weinberge, die renommierte Weißweine produzieren, mit ihren Glockentürmen. Die sorgfältig in Stand gehaltenen Fachwerkhäuser und die üppig mit Blumen geschmückten Straßen und Balkone verleihen diesen Dörfern ein besonderes Flair und ein fast makelloses Äußeres.

Man trifft hier manchmal auf alte Befestigungen, die daran erinnern, dass die Region im Laufe ihrer Geschichte nicht nur von französischen und germanischen Herrschern, sondern auch vom Herzogtum Burgund beansprucht wurde. Hinter den Stadtmauern von Börsch nahe der hübschen Stadt Obernai ist ein gepflasterter Platz erhalten geblieben, den ein verzierter Brunnen schmückt. In Mittelbergheim drängen sich alte Häuser um zwei Kirchen, eine katholische und eine evangelische. Eine weitere geschlossene Stadt, Dambach, liegt am Fuße eines Hügels. Der zentrale von Balkenwerkfassaden umringte Platz und das Rathaus mit seinen Staffelgiebeln sind schöne Beispiele der elsässischen Renaissance.

Hunawihr

Im Herbst bietet die Weinstraße ein prächtiges Farbenspiel, das von dem Gold und Rot der Weinberge beherrscht wird. Im Elsass werden zahlreiche Rot- und Weißweine aus kontrollierter Herkunft hergestellt. In diesem Dorf fällt die imposante befestigte Kirche auf, in der früher die Einwohner bei drohender Gefahr Zuflucht fanden. Die äußere Mauer, die erstaunlicherweise sechseckig ist, ist zwei Jahrhunderte älter als die Kirche selbst; ihre Errichtung reicht ins 14. Jahrhundert zurück. Die Tatsache, dass der Architektur der Kirche dieselbe Bedeutung beigemessen wurde wie der des Rathauses – beide wurden zeitgleich erbaut – zeugt von den ausgewogenen Beziehungen zwischen Kirche und Staat im Elsass.

Etwas weiter im Süden, in Bergheim, schützen die runden Türme der im 14. Jahrhundert von den Habsburgern errichteten Befestigungen noch heute die schönen Häuser der Winzer. Hinter Rappoltsweiler, wo die Tradition des Weinfestes im September lebendig geblieben ist, liegt das Dörfchen Hunawihr, in welchem sich ein Zentrum für Storchenzucht befindet. Schließlich taucht im Herzen der Riesling-Weinberge Riquewihr auf, dessen Bild vom anmutigen Glockenturm seiner Kirche geprägt wird. Rund um die im 13. Jahrhundert befestigte Stadt ist eine doppelte Einfriedung erhalten geblieben. Eines der Tore der inneren Mauer, der *Dolder*, ein hoher aus Steinen und Fachwerk bestehender Turm, ist zum Wahrzeichen der Stadt geworden. Man erreicht ihn über die *Grand-Rue*, die von schönen Häusern aus dem Mittelalter und der Renaissance gesäumt und von Sträßchen und Passagen gekreuzt wird. Springbrunnen, die früher Zeichen von Handwerkern oder Weinbauern waren, verleihen den benachbarten Straßen einen besonderen Reiz.

Kaysersberg im Tal der Weiss war seit der Römerzeit ein strategischer Passierpunkt zwischen dem Rhein und Gallien. Die Ruinen einer mittelalterlichen Burg beherrschen das Bild der Stadt, die nichts von ihrem Charme eingebüßt hat. Die alten Fachwerkhäuser mit Erkern und hohen, steil abfallenden Dächern sind gut erhalten. Hier wurde 1875 ***Albert Schweitzer*** geboren.

Er begann als Pfarrer in Straßburg, studierte anschließend Medizin und gründete während des Ersten Weltkrieges ein Krankenhaus in Lambaréné in Gabun, um sich dort einige Zeit später endgültig niederzulassen. Der Friedensnobelpreisträger von 1952 hinterließ philosophische Schriften und musikwissenschaftliche Studien.

In der Gegend von Colmar sind die hübschen Häuser in Niedermorschwihr und Turckheim ebenso wie in Riquewihr und einer Reihe anderer Dörfer oft mit Erkerfenstern bestückt. Diese Erkerfenster findet man auch in Eguisheim, einem herrlichen Dorf, das rund um eine ehemalige Festung gebaut wurde und von den Ruinen der »Straße der fünf Schlösser« umgeben ist.

Neben diesen berühmten Weinorten gibt es auch andere nicht minder bezaubernde Dörfer, wie etwa Hunspach, Zutzendorf, Lorentzen oder Buswiller. Sie bestehen aus Bauernhäusern, die um einen Hof herum angeordnet sind. Nahe des Elsässer Belchens, des Tals der Doller und seiner Seen, erhebt sich Sewen. Hirtzbach im Illtal, Grentzingen mit seinen ockerfarbenen Häusern oder, weiter südlich, Ferrette, die frühere Hauptstadt des Sundgau, zeigen dieselben Fachwerkfassaden, die hübsche Plätze und Straßen säumen. Die Schlösser des Elsass bergen Schätze und bieten, da sie, wie Haut-Barr und Haut-Kœnigsbourg, oft auf Anhöhen erbaut sind, einen herrlichen Ausblick auf die Umgebung.

Lothringen, das sich zwischen der Westseite der Vogesen und der Champagne in einem Wechsel von Bergen und Ebenen erstreckt, wird von Flüssen durchzogen, die gleichzeitig seine Departements formen: Meurthe, Mosel und Maas. Wie das Elsass war auch Lothringen im Laufe seiner Geschichte Gegenstand mancher Auseinandersetzung. In Verdun und einer Reihe anderer Orte wird man daran erinnert. Während des Ersten Weltkrieges war Bar-le-Duc der Ausgangspunkt des »heiligen Weges«, der die Versorgung von Verdun ermöglichte. In dem höher gelegenen Teil der Stadt sind rund um den Platz Saint-Pierre schöne alte Häuser erhalten geblieben, die von der Kirche Saint-Etienne überragt werden. In Metz wurde ***Paul Verlaine*** geboren. Die Lage an einem Knotenpunkt, am Zusammenfluss von Seille und Mosel, hat Metz seit der gallo-romanischen Epoche die Stellung eines wichtigen Handelszentrums, später die Ernennung zur Hauptstadt von Austrien eingebracht. Erhalten sind viele Kirchen, unter anderem die mit herrlichen Kirchenfenstern ausgestattete Kathedrale Saint-Etienne und die mehrmals neu errichtete Saint-Pierre-aux-Nonnains, deren Fundamente auf das 9. Jahrhundert zurückgehen. Die Herzöge von Lothringen wählten im 13. Jahrhundert Nancy zur Hauptstadt, da es im Zentrum ihres Imperiums lag. Im 18. Jahrhundert ließ ***Stanislas Leszczynski*** hier prunkvolle Umbauten vornehmen. Die von ***Gallé*** ausgehende Schule von Nancy war zu Beginn des 20. Jahrhunderts der Schmelztiegel des Jugendstil, wie Lunéville eine Hochburg der Steinmanufaktur gewesen war. In Epinal sind nahe der Basilika eine Ansammlung von Stiftsdamenhäusern und ein alter von Arkaden gesäumter Platz erhalten geblieben. Der Name Epinal erinnert an die vor zweihundert Jahren von ***Jean-Charles Pellerin*** ins Leben gerufene Bilderfabrik.

In den lothringischen Dörfern wimmelt es von Zeugnissen aus der Vergangenheit. Hattonchâtel, das auf dem Plateau Côtes de Meuse liegt, wurde von einem Bischof von Verdun im 9. Jahrhundert gegründet. Direkt neben der Kirche steht ein Turm der früheren Festung, der dem von ***Richelieu*** angeordneten Abriss entgehen konnte. Die Kirche, die sich neben einem Kloster befindet, birgt eine Jungfrauenstatue und bemerkenswerte Altarbilder. Im August veranstaltet Hattonchâtel ein Fest der Mirabelle – zusammen mit der Heidelbeere die am meisten verbreitete Frucht der Region. Etwas weiter südlich in Saint-Mihiel erblickte zu Beginn des 16. Jahrhunderts der Bildhauer ***Ligier Richier*** das Licht der Welt. Ihm ist die kunstvolle Grablegung zu verdanken, die man in der Kirche Saint-Etienne bewundern kann.

In Vaucouleurs wurden ***Jeanne d'Arc*** vom Statthalter des Königs einige Waffengefährten zugeteilt, um zum Kreuzzug gegen die Engländer aufzubrechen. Ihr Heimatdorf Domrémy, insbesondere die Basilika von Bois-Chenu, erinnert noch an diese Epoche.

Etwas nach Westen hin, zwischen Sion und Vaudémont erhebt sich ein Hügel, den ***Maurice Barrès*** den »inspirierten Hügel« taufte. Dieser die lothringische Hochebene überragende Hügel – seit der Zeit der Kelten eine Kultstätte – diente während der deutsch-französischen Kriege als Symbol der Hoffnung und der Zusammenkunft für viele Bewohner Lothringens.

Marville

Dieses lothringische Dorf liegt in einer landwirtschaftlichen Region. Früher war es die bedeutendste Stadt der nördlichen Maas. Die Römer hatten übrigens diese Siedlung, die hoch in einem das Othairetal und das Gédontal überragenden Vorgebirge liegt, Major Villa getauft. Vom 13. Jahrhundert bis zur Mitte des 17. Jahrhunderts profitierte Marville von ihrer Stellung als freie Stadt, die wohlhabende Kaufleute anzog. Die Anwesenheit der spanischen Regimente seit 1560 beeinträchtigte diese privilegierte Stellung nicht. Im Gegenteil: Die Spanier bauten sehr schöne Renaissancehäuser, die man noch heute bewundern kann. Ludwig XIV. nahm die Region wieder ein und ließ die Stadtmauern von Marville abreißen. Die Kirche Saint-Nicolas ist ein exzellentes Beispiel der gotischen Baukunst des 14. Jahrhunderts, obgleich ihr Bau im vorhergehenden Jahrhundert begonnen und in der Renaissance fortgesetzt wurde. Der etwas über Marville gelegene Friedhof der Kapelle Saint-Hilaire ist ein wahrer Schatz der Grabmalgestaltung.

Die Basilika Saint-Nicolas-de-Port in der Nähe von Nancy birgt eine Reliquie des unter den Lothringern und den Kindern zweifellos beliebtesten Heiligen. Der ***Heilige Nikolaus*** wird in der Vorstellung der nordischen Länder oft mit dem Weihnachtsmann verwechselt. Einige Städte Lothringens organisieren am 6. Dezember Prozessionen, während derer ein als ***Nikolaus*** verkleideter Mann durch die Straßen zieht. Der Ort Saint-Nicolas weist eine weitere, wenn auch unchristlichere Besonderheit auf: ein Brauereimuseum.

In den mittelalterlichen Moseldörfern nahe der luxemburgischen Grenze sind Teile der Befestigungen erhalten geblieben. Rodemack, das »Carcassonne Lothringens«, ist noch vollständig von Mauerwerk aus dem 15. Jahrhundert eingefasst. Außerhalb der Festung entdeckt man eine hübsche Kapelle und Votivkreuze. Einfache *calvaires* (Skulpturengruppen) zieren Plätze oder Straßenkreuzungen. Sierck-les-Bains ist eine Station für alle Freunde der Flussschifffahrt. Die Überreste seiner mittelalterlichen Befestigungen, die Schlossruinen und die Häuser mit Fassaden aus dem 18. Jahrhundert sind glücklicherweise den Zerstörungen, denen es während des Krieges ausgesetzt war, entgangen.

Nahe der deutschen Grenze und des Schlosses von Falkenstein erstreckt sich Bitche am Fuße seiner aus rotem Sandstein gebauten Zitadelle. Die Region des Nationalparks der Nordvogesen ist seit dem 16. Jahrhundert die Wiege der Kristallfabriken. Die von den Glasbläsermeistern von Saint-Louis-lès-Bitche gefertigten Stücke sind für ihre Feinheit berühmt, wie etwa die von Baccarat, zwischen Lunéville und Saint-Dié.

Das Departement Vosges führt noch eine weitere Tradition fort: die des Papierhandels. Die Papierfabrik von Arches in der Nähe von Epinal existiert seit fünfhundert Jahren. Sie gehörte ***Beaumarchais***, der das Papier von Arches benutzte, um in der deutschen Stadt Kehl in der Nähe von Straßburg die Werke ***Voltaires*** zu drucken. Die Südvogesen bieten rund um Gérardmer in einem von Wald umringten Gebiet traumhafte Landschaften, gespickt mit Seen, Wasserfällen und Wildbächen. Wasser gibt es reichlich in der Region, weiter südlich etwa in zahlreichen Thermalquellen. Vittel, Contrexéville oder Plombières besitzen die besondere Atmosphäre von Kurorten. Bourbonne-les-Bains wurde wie Plombières schon von den Römern regelmäßig aufgesucht. Nachdem sie auch im Mittelalter sehr geschätzt waren, erfreuten sich die Thermen unter ***Napoleon III.*** wachsender Beliebtheit.

Riquewihr

Riquewihr, das sich im Herzen der Elsässer Weinberge erstreckt, ist das Land des Rieslings, eines der berühmtesten Weißweine. Fachwerkhäuser mit fein ausgearbeiteten und blumengeschmückten Holzbalkonen, Springbrunnen und nostalgische Schilder säumen seine Hauptstraße. Der Dolderturm, eines der Symbole der Stadt, gehörte zu der im 13. Jahrhundert errichteten Stadtmauer. Heute ist darin ein Heimatmuseum untergebracht.

Normandie
Ile-de-France

»Die Seine fließt und trägt die Mentalität Frankreichs von Paris in die Normandie, zum Ozean, gen England und zum fernen Amerika«, schrieb ***Jules Michelet***. Die Bande zwischen der Normandie und der Ile-de-France haben eine lange Geschichte, die im 3. Jahrhundert vor unserer Zeitrechnung begann, als die Seine ein obligatorischer Passierpunkt auf der Zinnstraße war (nach Zinn wurde jenseits des Ärmelkanals gesucht). Vom 9. Jahrhundert an drangen auch die Wikinger über die Seine in das Land bis nach Paris ein. Eine erfreulichere Erinnerung sind die Vorreiter des Impressionismus, insbesondere ***Corot*** und ***Boudin***, der in Honfleur geboren wurde. Sie bemühten sich, das Licht der Normandie-Küste und der sattgrünen Ufer des Flusses einzufangen. ***Pissarro***, ***Sisley***, ***Monet***, ***Seurat***, ***Signac***, ***Van Dogen*** – die Liste der Maler, die es ihnen gleichtaten, ist ebenso umfassend wie die der Motive, die ihnen zur Auswahl standen. Wilde Landschaften, das Zusammenspiel von Wasser und Himmel, Strände, Boote oder Kahnschiffer: Die Atmosphäre ihrer Bilder erinnert an die Welt ***Maupassants***, der in seinen Novellen oft die Normandie beschrieben hat.

Die Städte und Dörfer der Normandie, die von dem flachen Boden profitieren, erstrecken sich über Gebiete mit riesigen Wiesen: In hügeligeren Regionen liegen sie im schachbrettartigen Muster der *Bocagen* verteilt. Wenn man sich die traditionellen Häuser der Normandie als Fachwerkhäuser vorstellt, so trifft dies nur auf einen Großteil zu. Da der Boden an der Küste eine Auswahl an unterschiedlichem Material bietet (Kalkstein und Kiesel an den Küsten, Schiefer, Granit oder Ton), haben die Bewohner all diese Elemente benutzt, um Bauwerke und Wohnstätten zu errichten, wodurch ihre Bauten eine ebensolche Vielfalt bieten wie die Landschaft. Auch die Mauern der Häuser bestanden hauptsächlich aus dem in Hülle und Fülle vorhandenen Holz, und die Dächer wurden aus Stroh gefertigt. Später hat der Schiefer das Stroh ersetzt, und der Ziegelstein trat an die Stelle des Holzes, das jedoch im Fachwerk der Hauswände noch reich vorhanden ist.

Barfleur

Bereist man die Normandie über Barfleur, das an der östlichsten Landzunge der Halbinsel Cotentin liegt, so folgt man der ehemaligen Route der normannischen Eindringlinge. Man befindet sich auch auf den Spuren des Epos von Wilhelm dem Eroberer, der von diesem einst wichtigsten Hafen der Küste zur Eroberung Englands aufbrach. Barfleur ist heute ein kleiner Fischerhafen und Vergnügungsort, dessen Granithäuser, die typisch für Cotentin sind, an die fest verwurzelten Traditionen der Normandie erinnern.

Obwohl die Normandie im Zweiten Weltkrieg stark in Mitleidenschaft gezogen wurde, ist ein Großteil der Kostbarkeiten ihres architektonischen Erbes erhalten geblieben oder restauriert worden. Abteien und Festungen, Kirchen und Herrenhäuser, kleine Häfen und malerische Dörfer liegen verstreut in einer Landschaft, wo Meer und Land, *Bocagen* und riesige Felder harmonisch ineinander übergehen.

Im Norden teilt die Seine die Haute-Normandie in der Umgebung von Rouen in das Pays de Caux und das

Pays d'Auge. Im Süden erstreckt sich die Basse-Normandie im Einflussgebiet von Caen über die »normannische Schweiz« und die Halbinsel Cotentin. An der Grenze zur Picardie hebt sich das für seinen Käse und seinen Cidre bekannte Pays de Bray durch sein Grün erstaunlich stark vom Pays de Caux ab. Hierbei handelt es sich um einen vom Wasser des Ärmelkanals überspülten, kreidehaltigen Landstrich. Die weißen Steilküsten des Pays de Caux, die Côte d'Albâtre (»Alabasterküste«) getauft wurde, erstrecken sich von Le Tréport bis Le Havre.

Entlang der Küste folgen Häfen und Badeorte aufeinander: Dieppe, Varengeville, Veules-les-Roses bis hin nach Etretat, das für seinen ergreifenden Anblick gleichermaßen bekannt ist wie durch die Abenteuer des Gentleman ***Arsène Lupin***, die ***Maurice Leblanc*** in der berühmten »aiguille« ansiedelte. Etwas weiter, in Fécamp, wo ***Maupassant*** lebte, gibt es ein Neuseeland-Museum, während Le Havre, der fünftgrößte Hafen Europas und an der Mündung der Seine liegend, der Heimatort ***Bernardin de Saint-Pierres*** und ***Raymond Queneaus*** war.

Flussaufwärts gelangt man nach Villequier, wo ***Victor Hugo*** ein Museum gewidmet ist. An diesem Ort ertranken seine Tochter ***Léopoldine*** und ihr Ehemann wenige Monate nach ihrer Hochzeit.

Zwei der berühmtesten Abteien Frankreichs erheben sich in unmittelbarer Nähe im Naturpark des Waldes von Brotonne: Saint-Wandrille, eine Benediktinerabtei, in der die Überreste eines herrlichen Klosters erhalten geblieben sind, und Jumièges, deren beeindruckendes Kirchenschiff der Zeit standgehalten hat. Beide im 7. Jahrhundert gegründeten Abteien waren im Mittelalter wichtige und einflussreiche Orte. Es folgt das an einer weiteren Schleife der Seine gelegene Rouen, die Geburtsstadt von ***Corneille***, ***Fontenelle*** und ***Flaubert***, das von ***Maupassant*** in seinen *Contes de la bécasse* folgendermaßen beschrieben wird: »Rouen, die Stadt der Kirchen, der gotischen Glockentürme, die wie Nippsachen aus Elfenbein gearbeitet sind: gegenüber Saint-Sever, der Vorort der Fabriken, deren tausend rauchende Schornsteine sich im bedeutenden Angesicht der tausend heiligen Türmchen der Altstadt erheben.« Rund um eine der schönsten gotischen Kathedralen ist ein altes und prachtvoll restauriertes Viertel erhalten geblieben. Nach Osten hin versteckt sich im gewaltigen Wald von Lyons ein normannisches Dorf, das einstmals als Residenz der englischen Könige diente: Lyons-la-Forêt. ***Maurice Ravel*** hielt sich mit Vorliebe dort auf.

Er komponierte einen Teil seiner Werke in diesem Dorf, in dem noch heute das Haus des Dichters ***Benserade*** zu sehen ist, welcher zusammen mit ***Lully*** Bücher für den Hof ***Ludwigs XIV.*** schrieb. Die Ruinen des Château-Gaillard, einer im 12. Jahrhundert von ***Richard Löwenherz*** erbauten Festung, thronen über Les Andelys, das ebenfalls in einer Schleife der Seine gelegen ist. Das einige Kilometer weiter bei Vernon liegende Dorf Gyverny ist bekannt für ***Monets*** Gärten, in denen man im Frühjahr all die Farben, die er für seine Palette wählte, bewundern kann. Gegen 1880 entschied der Maler, sich in seinem von Blumen umrankten Haus, das in rosa und grünen Farbtönen erscheint, niederzulassen; 1926 starb er dort.

Südlich der Seine beginnt das Pays d'Auge, das sich um Lisieux, seine Hauptstadt, herum erstreckt. Dies ist die Normandie des Weidelandes und der Obstgärten, ein Land der *Bocagen*, in dem sich die Geheimnisse des Cidre, des Calvados, des Livarot, des Pont-l'évêque und des Camembert verbergen. Große Bauernhöfe und schöne Herrenhäuser verteilen sich rund um die Städte und Dörfer. Unter den anziehenden und malerischen Dörfern, wie beispielsweise Crèvecœur-en-Auge oder Saint-Germein-de-Livet, ist Beuvron-en-Auge zweifellos am berühmtesten. Seine mit hellen Dachziegeln bedeckten Häuser, die bis ins 17. Jahrhundert zurück gehen, sind rund um den Marktplatz angeordnet. Die vielfältigen Fachwerkfassaden bilden ein charmantes Ensemble, das jedes Wochenende eine große Zahl von Menschen anlockt, die auf der Suche nach regionalen Produkten oder Antiquitäten sind. Im Pays d'Auge befindet sich nahe der Küste die berühmte, im 11. Jahrhundert gegründete Abtei Bec-Hellouin.

Diese »Côte Fleurie« ist das Gebiet der Badeorte, die insbesondere von Parisern seit dem *Second Empire* frequentiert werden. Honfleur erinnert an die Bilder von ***Eugène Boudin*** und der Maler der Schule von Barbizon. Dann folgen Trouville mit seinem feinen Sand, das mondäne Deauville, Houlgate sowie seine inmitten des Grüns liegenden Villen und schließlich Cabourg, wo alles daran erinnert, dass ***Proust***, der dort im Grand-Hôtel zu residieren pflegte, die Stadt unter dem Namen Balbec in seiner *Suche nach der verlorenen Zeit* beschrieb.

Durch das Pays d'Ouche gelangt man in die Basse-Normandie, das Gebiet der Wälder und Viehzucht, das früher durch seine Schmiedewerkstätten belebt wurde. Die Schmiede von Conches-en-Ouche bietet noch heute ihre handgefertigten Kunstwerke an. Der zur Normandie gehörende Teil der Region Perche, in dem man sich seit Jahrzehnten der Pferdezucht widmet, ist mit großen, oft in Bauernhöfe umgewandelten Herrenhäusern übersät.

Die »normannische Schweiz«, die sich südlich von Caen befindet, ist hügeliger und die Orne bettet ihre Schleifen in eine *Bocagen*-Landschaft. Die Abtei aux Hommes und die Abtei aux Dames, die beiden Kostbarkeiten Caens, erinnern an die Liebe zwischen ***Wilhelm dem Eroberer*** und seiner Frau ***Mathilde***. Um den berühmten Wandteppich zu bewundern, muss man in der Region Bessin auf die Halbinsel Cotentin reisen, wo die Erinnerungen an die Landung der Alliierten während des Zweiten Weltkriegs die Strände und das Hinterland rund um Sainte-Mère-l'Eglise und Arromanches kennzeichnen.

Beuvron-en-Auge

Auf die Fachwerkhäuser des Elsass folgen nun die der Normandie. Die architektonischen Ähnlichkeiten auf demselben Breitengrad im Westen und Osten Frankreichs zeugen vom Wohlstand einer Klasse von Notablen und Kaufleuten während der Renaissance.

Landschaft und Häuser besitzen hier ein Flair, das schon an die Bretagne erinnert, wie beispielsweise in Barfleur, dem kleinen Badeort mit Häusern aus Granit, der ein bevorzugter Aufenthaltsort des Malers ***Signac*** war. Im Herzen der Halbinsel, in Saint-Sauveur-le-Vicomte, wurde ***Barbey d'Aurevilly*** geboren, ein Satiriker und brillanter Pamphletist. Die Halbinsel Cotentin, auf der die Produktion von Milch, Cidre und Birnenmost überwiegt, ist auch das Gebiet der *prés-salés*-Lämmer, die in der Nähe der Bucht des Mont Saint-Michel gezüchtet werden. Einem lange umstrittenen Sprichwort zufolge hat »der Couesnon in seiner Törichtheit den Berg in die Normandie gesetzt«. Ob bretonisch oder normannisch, der Mont Saint-Michel markiert auf jeden Fall traditionell die Grenze zwischen den zwei Regionen.

Was die Erhaltung ihrer Dörfer angeht, so kann die Ile-de-France nicht mit der Normandie konkurrieren. Der explosionsartige Anstieg der Bevölkerung, die Erweiterung des Pariser Ballungsraumes und die Ansiedlung von Industriekomplexen haben ihnen wenig Platz gelassen. In der Umgebung der Hauptstadt Paris gibt es mehr mit der Geschichte des Königreiches verbundene Erinnerungen als Zeugnisse ihres früheren ländlichen Lebens. Prächtige Schlösser und Parks findet man dort in Hülle und Fülle, doch um die malerischen Sträßchen eines Dorfes zu entdecken, muss man sich mehr und mehr von Paris entfernen. In der Region Vexin, dem Chevreusetal, dem Departement Val d'Oise, in der Beauce-Ebene und in der Brie-Landschaft sind sie trotz allem erhalten geblieben, erfüllt von der Erinnerung an die Künstler, die dort verweilten, und an die Menschen, die sie erschaffen haben.

In der Region Vexin liegen verteilt zwischen dem Epte-, dem Viosne- und dem Seinetal Dörfer mit soliden Steinhäusern, die von großen Feldern umgeben sind. Moussy, Guiry und Wy mit ihren schönen Kirchen liegen neben Herrenhäusern und kleinen Schlössern wie denen von Vétheuil, La Roche-Guyon, Vigny oder Villarceaux, das noch vom Geiste ***Ninon de Lenclos'*** beseelt ist.

In Auvers-sur-Oise lassen die Straßen, die Kirche und die Felder, die ***Van Gogh*** gemalt hat, die Erinnerung an den Künstler wiederaufleben. 1890 ließ ***Van Gogh*** sich in der Dorfschänke gegenüber dem Rathaus nieder und malte bis zu seinem Selbstmord einige Monate später unermüdlich die Landschaften und Persönlichkeiten von Auvers. Valmondois und Hérouville, zwei Dörfer in der Nähe von Auvers, inspirierten ebenfalls Maler wie ***Cézanne*** oder ***Pissarro***, der für einige Zeit in Pontoise verweilte.

Saint-Céneri-le-Gérei

Wir befinden uns im Herzen der Mancellischen Alpen, und der schöne romanische Glockenturm erinnert an die sehr weit zurückreichende religiöse Historie der bewaldeten Gegend. Die Eremiten bewiesen stets eine Vorliebe für die verlockendsten Gegenden; es ist daher nicht erstaunlich, dass sich hier im 7. Jahrhundert ein Eremit niederließ und wenig später weitere Mönche zu ihm stießen. Sie errichteten ein Kloster, das während der normannischen Invasionen verschwand. In der romanischen Epoche wurde eine Kirche wiederaufgebaut, deren Glockenturm wir hier sehen.

Folgende Seiten

Lyons-la-Forêt

Das von einem großen Wald umgebene Lyons ist rund um ein Schloss aus dem 12. Jahrhundert entstanden. Nur einige Überreste der Stadtmauer, die einst diese Residenz des Sohnes von Wilhelm dem Eroberer, dem englischen König Heinrich I. Beauclerc, umgab, sind erhalten geblieben. Dieser entriss seinem älteren Bruder, Robert Courteheuse, die Krone, und bemächtigte sich damit gleichzeitig des Herzogtums Normandie. Maurice Ravel, der gerne in Lyons verweilte und einen Teil seiner Werke dort komponierte, besuchte oft die von Fachwerkhäusern gesäumten Straßen.

Das Chevreusetal bietet seinerseits auch Landschaften voller Charme. Inmitten einer Kulisse aus Wald und kleinen Tälern sind die Randgebiete von Yvette, Bièvres und dem Departement Essonne mit eleganten Wohnsitzen übersät. In dieser Region, in der Getreide und Kresse angebaut werden, spielt sich das Leben der Dörfer noch um ihre alten Markthallen herum ab. Gegen 1850 ließen sich einige Maler in Barbizon, einem friedlichen, bäuerlichen Marktflecken, häuslich nieder, der von da an Berühmtheit erlangte, so ***Théodore Rousseau***, ***Millet*** und ***Diaz***. Andere, wie ***Corot***, ***Daumier*** oder ***Daubigny***, hielten

sich regelmäßig dort auf. Die Barbizoner Künstler haben keinen speziellen Stil entwickelt, aber ihre Art, die Natur *sur le motif* zu malen, veranlasste dazu, sie unter der Bezeichnung »Schule von Barbizon« zusammenzufassen. Rund um die alte Herberge Père Ganne, in der Maler auf der Durchreise verweilten, sind die Sträßchen heute in ein Museumsdorf umgestaltet worden. Einige Kilometer weiter findet man die von ***Jean Cocteau*** dekorierte Kapelle von Milly-la-Forêt und das sich hübsch im Wasser des Flusses spiegelnde Moret-sur-Loing, welches ***Sisley*** als den Ort wählte, an den er sich am Ende seines Lebens zurückzog. Das Grand-Morin-Tal trennt im Nordosten der Region die französische Brie von der zur Champagne gehörenden Brie. Hier bestimmen große Bauernhäuser das Landschaftsbild. Es ist das Gebiet des berühmten Käses, der in der Gegend von Melun, Meaux und Coulommiers hergestellt wird. In Dörfern wie Vaudoy-en-Brie oder Voulton sind Häuser und Zeugnisse der Vergangenheit (Springbrunnen oder Überreste von Taubenschlägen) erhalten geblieben. Das Schloss von Ferrères war 1870 Schauplatz eines Waffenstillstandsversuchs, während das Schloss von Guermantes ***Proust*** inspirierte.

Auberge depuis 1610
La Licorne
Hotel
Restaurant

Bretagne
Pays de la Loire

Das bretonische Erbe ist eine Mischung aus den uralten Überresten der Megalithen, den Spuren der keltischen Kultur, und den zahlreichen Bezeugungen eines Jahrhunderte lang begehrten Fleckchens Erde. Sowohl Schlösser und Kirchen als auch einfache Dorfhäuser wurden zum größten Teil in den Granit und den Schiefer der Region hineingearbeitet; ihre Dächer sind mit Schieferplatten aus der Montagne Noire bedeckt. Zwischen großen Häfen und Wäldern, zwischen Universitätsstädten und Gemüsegärten findet man in der Bretagne allenthalben Marktflecken, die noch immer von Legenden zeugen und eng mit der regionalen Geschichte verbunden sind.

An der Grenze von Ille-et-Vilaine und dem Morbihan trifft man auf den mystischen Wald von Brocéliande. Jeder Orts- und Straßenname erinnert hier an das Epos von ***König Artus***, von ***Merlin***, von der Fee ***Viviane*** und somit von dem immerwährenden Kampf zwischen Gut und Böse. Das Schloss von Trécesson, die Quellen und die Megalithen beherbergen zahlreiche Legenden von mittelalterlichen Kämpfen zwischen Drachen und kühnen Rittern.

Man findet diese mittelalterliche Atmosphäre in den alten Stadtvierteln von Rennes, Fougères, Dinan oder Dol, die rund um ihre Kathedralen entstanden sind. In der Altstadt von Vitrés sind hübsche Häuser mit Holzfachwerk erhalten geblieben, die entlang der mittelalterlichen Straßen von den alten Befestigungsmauern umringt werden. In unmittelbarer Nähe befindet sich das Schloss von Rochers – einst das Eigentum der ***Madame de Sévigné***. ***Chateaubriand***, geboren in Saint-Malo, hat in seinen *Erinnerungen* die Kindheitsjahre in Combourg beschrieben. Das Schloss seiner Familie ist heute der Öffentlichkeit zugänglich.

In der Gegend der Côtes-d'Armor befindet sich die Stadt Montcontour, deren Zentrum ein hervorragendes Beispiel für eine gut erhaltene mittelalterliche Stadt darstellt. Ihre blumengeschmückten Straßen liegen im Schutze der Überreste der Befestigungsmauern aus dem 11. Jahrhundert, welche auf Geheiß ***Richelieus*** zerstört wurden.

Locronan
Die soliden, am Rande des Dorfplatzes stehenden Granithäuser zeugen von der Zeit, in der der gesponnene Hanf aus der hiesigen Segelwerkstatt an die Indische Gesellschaft und die englische, spanische oder holländische Marine geliefert wurde. Die Kirche Saint-Ronan aus dem 15. Jahrhundert überragt den Platz mit ihrem Turm neben der Kapelle von Penity aus dem 16. Jahrhundert. In dieser Kapelle befindet sich die liegende Figur des heiligen Schutzpatrons der Stadt, Saint Ronan, der hier das Leinen eingeführt haben soll. Locronan ist eine bedeutende Wallfahrtsstätte, so wie Sainte-Anne-la-Palud oder das weiter entfernte Sainte-Anne-d'Auray. Der Kult um die Heilige Anne ist in der Bretagne sehr verbreitet und wird manchmal mit dem Gedenken an Anne de Bretagne verwechselt.

An der zerklüfteten Côte d'Emeraude, der Smaragdküste, zeigen Häfen, Strände und Felsen dem Besucher das Bild durchaus unterschiedlicher Welten, deren Gemeinsamkeit ein grün-bläuliches Meer darstellt. Nach Saint-Malo, in dem die Erinnerungen an seine Korsaren-Vergangenheit noch lebendig sind, folgt der elegante und im britischen Stil gehaltene Ort Dinard. Es schließen sich an: Saint-Briac, Saint-Jacut, Le Guildo, das Kap Fréhel, Erquy. Sie führen an die Küste von Trégorc, von wo aus die Neufundlandfischer einst in See stachen. Nahe Paimpols geht man an der Spitze von Arcouest an Bord, um die Insel Bréhat zu erreichen. Bréhat teilt sich in die Heideflächen und Felsen im Norden der Insel und in den Marktflecken im Süden; es handelt sich um eine eigene kleine Welt ohne Autos und große Gebäude. Die Häuser entlang der kleinen Gässchen liegen vergraben unter den Schirmpinien, Feigenbäumen und Hortensien. Bréhat ist aus rosafarbenem Granit geschaffen, das einem prachtvollen Teil der Küste seinen Namen gegeben hat. Zwischen Perros-Guirrec und Trébeurden nimmt der von Wind und Meer bearbeitete Stein oftmals bizarre Formen an. In zahlreichen Dörfern sind die alten Kapellen erhalten geblieben und beherbergen Kleinode der religiösen Kunst wie in der Kapelle von Kerfons. In der Nähe von Guingamp befindet sich die Kirche von Loc Envel. Wie so oft in der Bretagne rührt die Schönheit des Ganzen zumeist von den Materialien; häufig ist es Holz, das durch die Hände von Architekten und Kunsttischlern veredelt wurde.

Die Pfarrgrundstücke bilden einen der großen Schätze des religiösen und architektonischen Erbes der Bretagne. Saint-Thégonnec, Guimiliau, Plougastel – man zählt fast siebzig von ihnen, vorwiegend im Gebiet des Finistère. Sie alle wurden zwischen dem 15. und dem 17. Jahrhundert geschaffen; das von La Martyre ist das älteste im Léon. Die Grundstücke bestehen immer aus einem Friedhof, einem Beinhaus und einer Skulpturengruppe (*calvaire*); das Ganze ist von einer Mauer umrahmt. Größe und Reichtum ihrer Ausstattung in den eher kleinen Dörfern überraschen den Besucher.

Vor der Küste von Abers liegt die Inselgruppe von Ouessant, die sich im Meer von Iroise aufreiht. Es wird von Seefahrern wegen seiner Riffs und seiner gefährlichen Strömungen gefürchtet. Der Wind weht hier so stark, dass einzig einige Sträucher auf den von Steinmäuerchen umrahmten Weiden wachsen. Die Häuser von Ouessant sind niedrig und mit der Rückseite gegen den Wind gebaut, doch stolz stellen sie ihre blau bemalten Windläden zur Schau. Diese Tradition findet man auch auf der Insel Sein. Nicht weit von der Brester Reede liegt La Faou, dessen Name von dem bretonischen Wort für »Buche« stammt. Das Holz wurde früher durch diesen Hafen befördert, der heute zum großen Teil im Schlamm versunken ist. Die Häuser – meist mit Erkern aus dem 16. Jahrhundert – gruppieren sich rund um eine hübsche Kirche.

Eines der malerischsten bretonischen Dörfer ist sicherlich Locronan, das von der Renaissance bis ins 19. Jahrhundert die Hochburg der Weber war. Das Land um Pont l'Abbé hat seine Seegeschichte in den Stein gemeißelt: In Penmarch schmücken Bilder von Fischen und Booten die Fassaden der Kirchen. An der Pointe de Penmarch befindet sich einer der mächtigsten Leuchttürme Frankreichs. In der Umgebung lassen die Spitzenklöpplerinnen von Pont l'Abbé die Tradition der Spitzenhauben, die einst nur an Feiertagen getragen wurden, weiterleben.

Pont-Aven liegt an einem Fluss unterhalb des Bois-d'Amour, an dessen Ufer einige Mühlen stehen. Das Dorf führt mit seinen zahlreichen Kunstgalerien seine künstlerische Tradition fort. ***Gauguin*** kam um das Jahr 1886 an diesen Ort, um einer Künstlergruppe beizutreten, die von der Schönheit der Umgebung fasziniert war. Ihre Bilder werden in einem Museum gezeigt, das sich in der Nähe der Herberge befindet, in der sich die Künstler aufhielten.

Gegenüber von Lorient, das vom großen Abenteuer der Indischen Gesellschaft erzählt, breiten sich die kleinen Täler, die hohen Klippen und die kleinen sandigen Buchten der Ile de Groix aus. Die Kirche von Groix wird geziert von einer Wetterfahne, die die seit Generationen bestehende Berufung der Insel signalisiert: Der sonst übliche Hahn ist durch einen Thunfisch ersetzt worden. Belle-Ile ist wesentlich größer und ragt einige Seemeilen von der Halbinsel Quiberon aus dem Meer heraus. In Le Palais, Sauzon oder den Orten Port-Donnant und Port-Goulphar an der »Wilden Küste« liegen die Boote der Freizeitsegler. Die Grotten, die sich in den Fels gegraben haben, »rot wie Feuer, dunkel mit weißen Linien« entzückten ***Flaubert***, während die »Nadeln« von Port-Coton, die das Meer zierenden Felsen, ***Monet*** inspirierten. Auf den beiden kleinen Schwestern der Belle-Ile, Houat und Hoedic, erheben sich an den kurvigen Straßen kleine weiße Häuser.

Rochefort-en-Terre

Südlich der Landschaft von Lanvaux befindet sich Rochefort-en-Terre; der Ort ist umringt von den Überresten seiner alten Befestigungsmauer. Im Dorf befinden sich ein mehrmals umgestaltetes Schloss, alte Markthallen und einige Häuser aus der Zeit der Renaissance. Doch der Charme von Rochefort-en-Terre rührt weniger von den Bauwerken her als vielmehr von dem alten Brunnen, der bescheidenen Skulpturengruppe der Kirche und von den vielen kleinen Details, die sich entlang der schmucken, kurvigen Straßen dem Betrachter darbieten.

Als Vorposten von Nantes war Grande-Brière einst ein von Inseln durchsetzter Golf. Durch das Schwemmland der Loire ist dieser Golf zum Sumpf geworden; er wurde von Menschenhand in geduldiger Arbeit ausgetrocknet, und die Inseln wurden zu Dörfern. Auch wenn die Kanäle heute nicht mehr die einzigen Fortbewegungsmöglichkeiten darstellen, erkennt man den ganzen Charme von Brière am besten vom Boot aus.

Nantes, heute Hauptstadt der Region Pays de la Loire, war Jahrhunderte lang eng mit der bretonischen Geschichte verbunden. Im Wechsel mit Rennes stellte es den Sitz für die Herzöge der Bretagne. Im Gebiet von Retz liegt Pornic, dessen Häuser reizvoll auf einem Hügel angeordnet sind, der die Bucht von Bougneuf überragt. Die Insel Noirmoutier, die die Bucht im Süden abschließt, gehört zum Gebiet der Vendée. Sie ist durch eine Brücke, die über eine enge Hafeneinfahrt führt, mit dem Festland verbunden. Die Landschaft der Vendée wird von Sümpfen, Pinien, Mimosen, Stränden und kleinen Häfen geprägt.

In Saint-Jean-de-Monts, Saint-Gilles-Croix-de-Vie und Sables-d'Olonne findet man lange Sandstrände. Die weiter im Meer gelegene Insel Yeu war einst von Bretonen besetzt, denen sie die Namen einiger Orte, die mit »Ker« beginnen, verdankt. Port-Joinville, wo der ***Marschall Pétain*** gegen Ende seines Lebens festgehalten wurde, hat eine lange Tradition als Thunfischkutter-Hafen. Le-Grand-Phare, der große Leuchtturm im Westen, bietet dem Betrachter ein atemberaubendes Panorama der wilden Küste mit den zerklüfteten Schieferfelsen.

Ein wenig nördlich von Fontenay-le-Comte erhebt sich die Kirche von Vouvant. Wir befinden uns bereits in der Nähe des Anjou, »einer Provinz, die scheinbar die italienischen Vorlieben ihrer alten Meister bewahrt hat«, sagte ***Flaubert***.

Das Anjou verkörpert die Milde des Lebens durch seine Weinberge, seine Obstplantagen und seine Gärten, die auf einem Hügel oberhalb eines Flusses angeordnet und manchmal mit Zypressen übersät sind. In Angers stehen die alten, von Renaissance-Häusern gesäumten Straßen dicht am Ufer des Flusses Maine. Im Süden befinden sich Saint-Florent-le-Vieil, das im Gebiet der Mauges liegt, und Monjean-sur-Loire; auch sie besitzen herrliche alte Viertel, die am Hang über dem Flussufer angelegt sind. Etwas weiter entfernt liegt Saumur, das sowohl wegen seiner Weine als auch wegen seiner Reit- und Kavallerieschule einen guten Ruf genießt. ***Balzac*** wählte es zum Schauplatz für sein Werk *Eugénie Grandet*.

Sein

Die Insel Sein, die sich aus dem seichten Wasser der Landzunge von Raz erhebt, ist durch einen der gefährlichsten Wasserpässe Frankreichs vom Festland getrennt. Nach einer Legende war die kleine Insel in ferner Vergangenheit ein Ort der Druiden. Vielleicht erklären die raue Umgebung der Insel, ihr vegetationsloser Boden und die Flutwellen, die sie mehrmals überflutet haben, diesen Ruf. Für die Errichtung des Leuchtturms von Ar Men, der im Westen die lange Reihe von Klippen am Fahrdamm der Insel Sein anzeigt, wurden Ende des 19. Jahrhunderts etwa dreißig Jahre benötigt; die Arbeiten wurden ständig durch wilde Stürme unterbrochen. Die mit Schieferdächern bedeckten Granithäuser der Insel, die oft kalkgeweißt sind oder manchmal in lebendigen Farben erstrahlen, drängen sich am Rande der Straßen dicht aneinander, um dem stetigen Wind zu trotzen.

CHEZ BRUNO

In Montreuil-Bellay fließt unterhalb der Altstadt und ihres Schlosses, das einst im Besitz der Dichterfamilie war, ein Nebenfluss der Loire, der Thouet. In der Nähe hat die Abtei von Fontevraud die liegenden Figuren der ***Plantagenets*** aufbewahrt, darunter auch die der ***Eleonore von Aquitanien***, deren bewegtes Leben hier endete. Die Abtei, die im 11. Jahrhundert gegründet wurde, hatte bemerkenswerter Weise eine Äbtissin als Oberhaupt, welche gleichzeitig die Gemeinschaft der Männer und die der Frauen leitete.

Zwischen Angers und Laval liegt das von Dörfern, Gutshöfen und hoch gelegenen Schlössern übersäte Tal von la Mayenne; sie alle bieten herrliche Aussichten, wie beispielsweise Jaille-Yvon oder Daon. Château-Gontier wurde von ***Foulques Nerra***, einem kriegslustigen Feldherrn, gegründet. In Trappe-du-Port-du-Salut wurde der berühmte Käse lange Zeit von Mönchen hergestellt.

Laval, das rund um sein mittelalterliches Schloss mit Glockentürmen und Türmchen gespickt ist, war während der Französischen Revolution ein Zentrum des Aufstands. ***Ambroise Paré***, Chirurg **Heinrichs II.** von Frankreich und von dessen Söhnen, wurde in dieser Gegend geboren. Sie ist auch die Heimat von **Douanier Rousseau** und **Alfred Jarry**, Vater von König Ubu, der Figur, die die Pataphysiker inspirierte. Saulges liegt an den bewaldeten Ufern der Erve an der Grenze der Sarthe und besitzt Grotten, die in prähistorischer Zeit bewohnt waren. Ein wenig südlicher, am Ufer der Vègre, liegt Asnières, das eine alte Mühle, ein Schloss aus dem 17. Jahrhundert und eine Kirche mit hübschen Wandmalereien im Inneren umgibt. Am Ufer der Sarthe wurde die Abtei von Solesmes im 11. Jahrhundert von ***Geoffrey de Sablé*** gegründet. Die Benediktinermönche von Solesmes haben einige Jahrzehnte lang eine große Rolle bei der Wiederbelebung des gregorianischen Gesanges gespielt. Parcé, Malicorne oder Noyen – in vielen Dörfern, die am Ufer der Sarthe liegen, kann man alte Häuser, Brunnen und Kirchen mit die Fassaden schmückenden Türmchen entdecken.

Jenseits von Le Mans liegt Pont-de-Gennes, das sich an den Ufern der Huisne in einer malerischen Landschaft erstreckt. In Saint-Calais sind rund um seine mit einer italienischen Fassade geschmückten Kirche die alten Waschhäuser erhalten geblieben. Sie erstrecken sich entlang des Kais von Anille. Bevor der Fluss Loir das Gebiet um Vendôme durchquert, zeigt er ebenfalls seine hügeligen sattgrünen Ufer mit kleinen Dörfern, Gutshöfen, Kirchen und reizvollen Schlössern.

Vouvant

Vouvant erhebt sich inmitten seiner alten Befestigungsmauern zwischen Bocagen- und Waldlandschaften in der Schleife eines kleines Flüsschens, der Mère. Seine schöne romanische Kirche, seine von kalkgeweißten Häusern verzierten Gässchen und seine malerische Lage haben Vouvant zu einem der schönsten Dörfer Frankreichs gemacht. Es soll sein Schloss, von dem nur noch ein Turm erhalten ist, der Zauberei von Melusine verdanken, deren Spuren man in Poitou folgen kann. Man sagt, dass diese Fee in einer einzigen Nacht sowohl das Schloss von Tuffauges erschaffen hat, welches an den bizarren Gilles de Rais erinnert, als auch das Schloss von Pouzauges, das ebenfalls im Besitz der Herren aus dem Gebiet der Vendée war.

Centre Poitou-Charentes

Von der Ebene von Beauce im Norden über die mit Seen und Wäldern übersäte Landschaft des Berry bis hin zur Touraine, Land der Kreide und des Weins, erstreckt sich die Region Centre. Hier sind sowohl die prachtvollen Schlösser der Loire als auch bezaubernde Dörfer zu bewundern. In Illiers-Combray befindet sich heute in dem Haus von Tante Léonie, die ***Proust*** einst so lieb war, ein dem Schriftsteller gewidmetes Museum. Cloyes, am Flusslauf des Loir gelegen, inspirierte ***Emile Zola*** zu seinem Roman *La Terre*.

Am Ufer des Kanals von Berry liegt das Schloss Mehun-sur-Yèvre. Das Schloss Meillant, das südlich von Bourges liegt, hat den Einflüssen der Zeit eher getrotzt, ebenso wie die Schlösser Ainay-le-Vieil mit den schmuckvollen Verzierungen aus der Renaissance und Culan mit seinem eher abweisenden Erscheinungsbild.

Die Heide- und Waldlandschaft von Sologne weckt das Bild vom »Land, das man nur sieht, indem man die Zweige zur Seite schiebt«, vom Land des großen Meaulnes von ***Alain-Fournier***, der in La Chapelle d'Angillon geboren wurde, und vom Raboliot von ***Maurice Genvoix***, dessen Wurzeln zum Teil in der Bourgogne, zum Teil in der Sologne liegen. Dies ist ein Land, in dem die alten Häuser aus Ziegelsteinen bestehen, die häufig ährenförmig angeordnet sind oder deren Fachwerk mit Strohlehm gefüllt ist.

Südlich von Bourges, wo man den vom großen Oberschatzmeister ***Charles VII.*** erbauten Palast Jacques-Cœur bewundern kann, liegt ein winziges Dorf, Apremont-sur-Allier. Es wurde Anfang des Jahrhunderts von dem ursprünglich aus Creusot stammenden ***Eugène Schneider*** vollständig restauriert. Zum Charme seiner aus goldfarbenem Stein gebauten Häuser tragen auch ein mehrfach umgebautes Schloss und ein Blütenpark bei.

George Sand verbrachte ihre Kindheit in Nohant, das für sie immer eine Zufluchtsstätte blieb, in der sie ***Chopin***, ***Balzac*** oder ***Dumas*** empfing. Durchquert man die Gegend von Berry, erkennt man all die Orte wieder, die sie in ihren Romanen beschrieben hat: das Schloss Saint-Chartier, die Mühle von Angibaud, Neuvy-Saint-Sépulere und La Châtre, wo ihr das Museum »Vallée noire« gewidmet ist. Im Tal der Creuse, in Gargilesse-Dampierre, erinnert ein weiteres Museum an die große Schriftstellerin. Die von blumengeschmückten Mauern gesäumten Häuser von Gargilesse liegen an den Ufern eines Flusses inmitten von Wäldern. Die Stille und die Bescheidenheit dieses Dorfes faszinierten sie; in der Villa Algira hielt sie sich in den letzten zwanzig Jahren ihres Lebens regelmäßig auf. Auch Maler wie ***Monet*** und ***Rousseau*** kamen hierher.

Souvigny

In der Sologne nähern wir uns dem Herzen Frankreichs. Dieser Blick auf Souvigny weckt die glückselige und zeitlose Erinnerung an die französischen ländlichen Gegenden. Die gut gepflegten Wohnhäuser auf beiden Seiten der Hauptstraße, der schützende Schatten eines Glockenturmes, ein hübsches Bürgermeisteramt, ein Café, in dem man sich mit dem Vornamen ruft; diese nostalgische Vorstellung nimmt hier konkrete Formen an. Doch bei all diesen Überlegungen dürfen wir nicht vergessen, dass wir uns in einer von der Natur begünstigten Region, der Sologne, befinden, einer Region, die stolz auf ihre wildreichen Wälder ist, über denen mit Eleganz der romantische Schatten des großen Meaulnes steht.

In unmittelbarer Nähe befindet sich Saint-Benoît du-Sault – einst der Sitz eines benediktinischen Priorats. Dem Dorf, das sich stufenweise auf dem Hang über dem Tal von Portefeuille erhebt, sind mittelalterliche Gässchen und ein Teil der Befestigungsmauern erhalten geblieben.

Die Milde des Berry wird durch die ruhigen Gewässer der Loire verstärkt: »Der Wind ist lau und ohne Wollust, die Landschaft ist leicht, würdevoll, doch von einer Schönheit, die berührt ohne zu fesseln, mit einem Wort: die mehr Nüchternheit als Würde und mehr Geist als Poesie besitzt. Das ist Frankreich«, schrieb ***Flaubert***.

In der Umgebung von Chinon schmiegt sich das von Weinbergen umgebene Candes an einen Kalkfelsen, der den ersten Bewohnern der Gegend als Herberge diente. Die ehemaligen höhlenartigen Häuser sind heute zu Holzschuppen oder Kellern des Dorfes umgestaltet worden. Die Häuser von Candes sind aus dem hiesigen kreideartigen Kalk gebaut. Die romanische Kirche erhebt sich an der Stelle, an der angeblich der ***Heilige Martin*** von Tours aus dem Leben geschieden ist. Candes, das am Zusammenfluss der Loire und der Vienne liegt, war einst ein geschäftiger Hafen.

Rabelais, der in La Devinière nahe Chinon geboren wurde, siedelte die Abtei von Thélème, das Paradies mit der Devise »Tue, was du willst«, an den Ufern der Loire an. Und ***Ronsard***, der im Schloss La Possonnière das Licht der Welt erblickte, pries seine Heimat in mehreren Gedichten. Entlang des Flusses Loir – gesäumt von Ufern in sattem Grün oder von Felsen, weiß vom Kalktuff – sind in den kleinen Dörfern die mittelalterlichen Gässchen und imposanten Überreste der Befestigungsmauern erhalten geblieben. Die mächtigen Türme des Schlosses Lavardin überragen ein unter Denkmalschutz stehendes Dorf. Die Kapelle Saint-Gilles in Montoire ist so wie die Kapellen von Saint-Jacques-de-Guérets und von Areines mit herrlichen Fresken verziert. In anderen Dörfern, wie Troo oder Les Roches-L'Evêque, findet man noch die alten höhlenartigen Häuser, die in den weichen Stein der Felsen gehauen worden sind.

Zwischen dem Meer und dem Landesinneren vermischen sich im Poitou und in den Charentes romanische Kirchen und Dörfer, in denen Kognak und Ziegenkäse hergestellt werden. In den Häfen, die im Kielwasser von La Rochelle liegen, sind ihre malerischen Viertel, in denen man Marennes-Austern kosten kann, noch heute erhalten.

In der Hauptstadt Poitiers kann man zahlreiche Spuren der Vergangenheit verfolgen. Einige Kilometer vom Futuroscope – Symbol der modernen Technik – entfernt, häufen sich in der Altstadt romanische Überreste, mittelalterliche Gässchen und eine beachtliche Anzahl an Kirchen, von denen Notre-Dame-la-Grande eines der schönsten Bauwerke des romanischen Stils darstellt.

In Lusignan, das an den Ufern der Vonne liegt, befindet sich in einem großen Garten das gleichnamige Herrenschloss. Die Legende besagt, dass das Geschlecht der ***Lusignans***, aus dem im Mittelalter einige Könige von Zypern und Jerusalem hervorgingen, aus der Liebe eines ihrer Vorfahren mit der Fee ***Melusine*** entstanden ist. Zwischen Berry und Poitou spiegelt sich Angles in den Wassern des Anglin. Der untere Teil der Stadt erstreckt sich oberhalb einer alten Steinbrücke zum Viertel Sainte-Croix, während der obere Stadtteil, dessen Häuser mit Ziegel- und Schiefersteinen bedeckt sind, an einen Hang gebaut worden ist; er reicht bis zu einem Felsvorsprung, von wo aus die alten Ruinen des Schlosses über die Stadt wachen. Im 15. Jahrhundert war dieser Ort die Heimat des Kardinals ***La Balue***, Staatssekretär unter ***Ludwig XI.***, der aus Italien die so genannten *fillettes* (Käfige, in denen der König seine Gefangenen einsperrte) importiert haben soll.

Candes-Saint-Martin

Dieses ebenso schöne wie alte Dorf wurde aus kreideartigem, weißem Kalk gebaut, dem hiesigen weichen Stein, der mit der Zeit immer weißer wird. Hier atmet man die Süße der Gegend ein, in einer Landschaft, die »weit und belebt ist, die fruchtbar ist und dem Auge wohl tut«; so sprach Flaubert. Man sagt, dass der Heilige Martin im Jahre 397 hier gestorben sei, und zwar an der Stelle, an der heute die romanische Kirche steht. Seine sterblichen Überreste wurden nach Tours gebracht. Diese Reise fand mitten im Winter statt, doch die Legende sagt, dass die Bäume am Wegesrand in diesem Moment wieder ergrünten. Dieses Wunder führte zu einer großen Pilgerfahrt, der sowohl das gemeine Volk als auch einige Könige folgten.

Hier steht auch die Wiege der Ajour-Stickerinnen von Angles, die edle Wäsche, Tischdecken und Zierdeckchen herstellten und einst damit den Hof belieferten. Etwas weiter im Norden liegt Descartes, wo sich ein Museum zu Ehren des Philosophen befindet. Es scheint ein schicksalhaftes Augenzwinkern zu sein, dass die Stadt, die einst La Haye (französischer Name für die holländische Stadt Den Haag) hieß, zu Ehren desjenigen umbenannt wurde, der lange Zeit seines Lebens in Holland verbrachte.

Im Tal der Gartempe befindet sich Saint-Savin, das einst Sitz einer mächtigen Abtei war. Von dieser existiert noch eine Abteikirche, in der man wundervolle, romanische Wandmalereien besichtigen kann. In unmittelbarer Nähe liegt Chauvigny, in dem die Überreste mehrerer Schlösser zu besichtigen sind, die im Mittelalter den Felsvorsprung am Ufer der Vienne verteidigten. Civray erstreckt sich zu beiden Seiten der Charente um die romanische Kirche Saint-Nicolas herum, deren Fassade reich mit Skulpturen verziert ist. Dank der Minen für silberhaltiges Blei an den Ufern der Béronne wurden in Melle im Mittelalter Geldmünzen geprägt. Das historische Erbe der Stadt als Wirtschaftszentrum sind drei romanische Kirchen.

Im Gebiet von Saintonge liegt Aulnay mit seiner Kirche, deren Fassade und Kapitelle im Inneren von hübschen Skulpturen verziert werden. Zusätzlich zu den religiösen Motiven fallen dem Betrachter hier zahlreiche Tiere auf, von denen eines einen musizierenden Esel darstellt. Dieser Esel erinnert an das »Grautier von Poitou«, eine widerstandsfähige Eselrasse, die bis zum 19. Jahrhundert den Wohlstand der Gegend ausmachte. Villebois-Lavalette, das sich im Süden von Angoulême befindet, wurde von den ***Lusignans*** als Festung errichtet. Sie wurde durch ein

Schloss aus dem 17. Jahrhundert ersetzt, das nun den Ort überblickt, dessen Häuser mit hübschen Dachziegeln bedeckt sind. Ein wenig südlicher befindet sich Aubeterre-sur-Dronne, dessen zahlreiche Häuser in den benachbarten Kreidefelsen hineingebaut wurden.

»Angoulême ist eine alte Stadt, errichtet auf dem Gipfel eines Zuckerbrot-Felsens ... Jeder kennt die berühmten Papierfabriken von Angoulême«, schrieb ***Balzac***. Seit drei Jahrhunderten wird in Charente eine andere alte Tradition fortgeführt: die Destillation von Kognak. Die Kais von Cognac, der Geburtsstadt ***Franz' I.*** von Frankreich, sind gesäumt von den Lagern der größten Hersteller. Saint-Sauvant, das sich in der Gegend um Saintes befindet, diente einst den Pilgern nach Santiago de Compostela als Zwischenstation, ebenso wie die Orte Jean-d'Angély oder Aulnay.

Hier spürt man bereits die Milde der Atlantikküste. Der Ort befindet sich auf einer Halbinsel, die über der Mündung der Gironde liegt. Das Kleinod von Talmont, die Kirche Sainte-Radegonde, ist der fränkischen Königin gewidmet, die in der Nähe von Poitiers eine Abtei gegründet hat. Die Schönheit der Umgebung, die weißen, mit farbenfrohen Fensterläden geschmückten Häuser und der Charme des Hafens machen daraus eines der reizvollsten Dörfer der Küste. Die gleichen Häuser findet man ein wenig weiter im Norden, in Mornac-sur-Seudre, wo die farbenfrohen Hütten der Austernzüchter die kleinen Kanäle säumen. Wie Brouage, das große Salzzentrum der Region im 17. Jahrhundert, lebte Mornac einst von der Salzgewinnung. Die erhöhten Befestigungsmauern, die die Stadt während der Belagerung von La Rochelle schützten, dienen heute als Promenade, von der aus man die Inseln Aix und Oléron erspähen kann. Die Insel Aix ist winzig klein und kann nur mit dem Boot erreicht werden.

Auf der Insel Oléron, die sich in unmittelbarer Nähe aus dem Wasser erhebt, ließ sich ***Eleonore von Aquitanien*** gegen Ende ihres Lebens nieder. Oléron, das das Eigentum der Herzöge von Aquitanien war und sowohl von Frankreich als auch von England begehrt wurde, wurde schließlich von ***Richelieu*** mit einer Zitadelle ausgestattet. Die Pinienwälder und die Inselstrände sowie das milde vom Golfstrom erwärmte Klima machen die Insel zu einem begehrten Ferienort. Die Insel Ré, die durch die Meerenge von Antioche von der Insel Oléron getrennt ist, ist wie diese durch eine gigantische Brücke mit dem Festland verbunden. Die »weiße Insel« war einst Streitobjekt zwischen Frankreich und England; ihre Hauptstadt, Saint-Martin, wurde von ***Vauban*** mit einer Festung umgeben. Durch die Häfen von La Flotte-en-Ré und Ars ziehen sich – inmitten von salzigen Sümpfen und Austernzuchten – die alten malerischen Gässchen.

Nördlich von La Rochelle erstreckt sich der Sumpf von Poitou entlang der Sèvre Niortaise. Im Westen dient der »ausgetrocknete Sumpf« zur Bewirtschaftung und als Weideland. Im Osten befindet sich der »nasse Sumpf«, der auf den Namen »grünes Venedig« getauft wurde und der von Känalen durchzogen ist, die man am besten von einem kleinen Boot aus entdeckt, und die die Hauptstadt Coulon umgeben. Die Dörfer des Sumpfgebietes, wie Damvix oder La Garette, sind auf kleinen Inseln errichtet; vor jedem Haus liegt eine Barke vertäut. So findet man einige Kilometer von Niort entfernt eine Welt, in der es praktisch keine Autos gibt.

La Cotinière

Frankreichs Vielfalt zählt zu den Reichtümern des Landes, und merkwürdigerweise stehen in dieser Gegend, in der die Natur keine Ausschweifung der Form oder des Klimas zulässt, die Herzlichkeit von Souvigny, der außergewöhnliche künstlerische Reichtum von Candes und die zwei Gesichter der Cotinière auf der Insel Oléron miteinander im Einklang. Die Cotinière ist Frankreichs Krevetten-Fischereihafen Nummer Eins und im Sommer ein belebter Touristenort.

Burgund
Franche-Comté

Burgund verbindet den großen Reichtum seiner Weinberge mit dem weitem Land, auf dem Charolais-Rinder grasen, und mit dem Geheimnis der *Bocagen* und der Wälder, den kalkhaltigen Anhöhen und den Tälern, durch die sich ruhige Flüsse ihr Bett gegraben haben. »Frankreich hat kein Element, das mehr verbindet, keines, das fähiger wäre, Norden und Süden miteinander zu versöhnen«, schrieb ***Michelet***. Hier deuten nämlich die Milde des Klimas, Form und Farbe der Dächer, die zuweilen mit Ziegeln und den für die Region typischen *génoises*, einer bestimmten Art von Gesims, geschmückt sind, bereits darauf hin, dass man sich dem Süden nähert. In der Franche-Comté sind die Gegend und das Klima rauer. Die Hänge sind steiler, die Schluchten, wie die des Departements Doubs, sind tiefer und die Wälder dichter. Der Jura ist eine bergige Gegend, die ein Skigebiet, Seen und fließende Gewässer wie die Quellen von Lison, den Wasserfall von Doubs oder die Kaskaden von Hérisson umfasst. Und als echte französische Region hat die Franche-Comté ihre eigenen Käsesorten: Cancoilotte, Vacherin, Mobier und den zweifellos bekanntesten, den Comté, der seit Jahrhunderten in Genossenschaften, den so genannten *fruitières*, hergestellt wird.

Die Geschichte hat diese beiden Provinzen, die so nah beieinander liegen und doch so unterschiedlich sind, im Laufe der Jahrhunderte miteinander verbunden. Die Region Franche-Comté, im 9. Jahrhundert Grafschaft Burgund genannt, wurde bis ins 15. Jahrhundert immer wieder durch Verträge und Ehen mit den Staaten von Burgund verbunden, selbst nach der Änderung ihres Namens, durch die ihre Unabhängigkeit betont werden sollte. Beide Regionen waren von jeher begehrt und verbanden das Mittelmeer mit Deutschland, Italien, der Schweiz und dem Norden Frankreichs. In beiden Regionen wird darüber hinaus traditionell der gleiche Wein angebaut. Obwohl die Weinberge des Jura heute weitaus kleiner sind als die des »weinreichen Burgund«, ist ihr Ruf genauso hervorragend. Und sowohl in Burgund als auch in der Franche-Comté zeigen sich in den gut erhaltenen Dörfern dem Naturfreund genauso große Schätze wie dem Kunstliebhaber.

Unter ***Karl dem Kühnen***, dem letzten Herzog Burgunds vor der Annexion durch ***Ludwig XI.***, wurde Burgund um die Franche-Comté erweitert. Die Macht der Burgunder Herzöge und der Reichtum ihres Bodens zeigen sich noch immer in den Landschaften. In dieser Gegend konnte sich die burgundische Romanik in ihrer ganzen Pracht entfalten. Diese Ausbreitung ging mit der der Abtei von Cluny einher, die über ganz Frankreich und darüber hinaus auch in Spanien und Italien vom 12. bis 14. Jahrhundert erstrahlte.

Vézelay

Als im 12. Jahrhundert ein Mönch den Weg der Pilger nach Santiago de Compostela festlegte, waren Le Puy, Arles und Vézelay die wichtigsten Stationen dieser Strecke im Süden Frankreichs. Inmitten von Feldern im Schachbrettmuster wurde das Dorf Vézelay, dessen Häuser mit dunklen Dachziegeln bedeckt sind, rund um die große Basilika errichtet. Als der später heilig gesprochene Bernhard im 12. Jahrhundert vom Zweiten Kreuzzug predigte, wurde Vézelay zu einer der großen Hochburgen des westlichen Christentums. Die Basilika Sainte-Madeleine war stark beschädigt, als Viollet-le-Duc im Jahre 1840 mit ihrer Restaurierung begann; die Arbeiten dauerten etwa zwanzig Jahre. Die Größe, die bewegende Bescheidenheit des geschichtsträchtigen Gebäudes und der Charme der abschüssigen Gassen, die zur Basilika führen, machen dieses Dorf des Morvan zu einem Ort, den man auf jeden Fall besuchen sollte.

Die Größe der Gebäude, die Besonderheit der sie zierenden Skulpturen und ihre erstaunliche Ausdruckskraft prägen den besonderen Stil von Cluny. Verschiedene Gebäude sind nach der ursprünglichen Abtei erbaut worden. Dazu zählen auch die Abteien Paray-le-Monial, La Charité-sur-Loire oder Vézelay, die als Meisterwerke des religiösen Erbes gelten. Auch in den Departements Nièvre, Yonne, Côte-d'Or und Saône-et-Loire findet man eine große Anzahl an ebenso beeindruckenden, wenn auch nicht so bekannten Kirchen. Die Kirchen von Charlieu, Chapaize und Anzy-le-Duc, die sich in der Nähe von Semur-en-Brionnais, einem von Weinreben umgebenen Dorf aus ockerfarbenem Stein, befinden, bergen bemerkenswerte Beispiele romanischer Kunst.

»Burgund ist das Land der Redner«, schrieb einst ***Michelet***. Zu ihnen zählt der ***Heilige Bernhard***, der in der Nähe von Dijon geboren wurde. Er war ein Mönch des Zisterzienserklosters Cîteaux, eines weiteren bedeutenden Zentrums der Glaubensgeschichte, und der erste Abt von Clairvaux, bevor er zur geistlichen Führungsperson wurde, der sowohl Päpste als auch Könige ihr Gehör schenkten. Als er im Jahr 1146 in Anwesenheit des Königs ***Ludwig VII.*** in Vézelay vom Zweiten Kreuzzug predigte, existierte die Abtei bereits seit drei Jahrhunderten, doch ihren

Blanot

Blanot liegt in der Nähe von Cluny; seine alten Häuser bewahren den Charme der Dörfer des Gebiets um Mâcon. Der Ort ist von kleinen Tälern mit Weinbergen oder Weideland umrahmt. In der näheren Umgebung sollte man die prähistorischen Grotten besichtigen, deren Rundweg direkt zum Berg Saint-Romain führt. Von hier aus hat man einen herrlichen Ausblick über die Umgebung, das Schloss von Berzé und Brancion.

großen Aufschwung erlebte sie erst jetzt. Die Abtei und das Dorf liegen auf einem von Wäldern und Feldern umrahmten Hügel. Will man die Basilika Sainte-Madeleine erreichen, so nimmt man den Weg über abschüssige Straßen, die von alten Winzerhäusern und den Überresten alter Häuser mit verzierten Türen gesäumt werden. Unterhalb der Fassaden entdeckt man oft Fenster, die große unterirdische Säle mit Licht durchfluten; hier wurden früher die Pilger empfangen. Die haben den Ort heute sowohl denjenigen Gläubigen überlassen, die kommen, um sich an einer Stätte der Spiritualität zu erholen, als auch den Sammlern seltener Steine. Die Gässchen von Vézelay, die mit Brunnen, kleinen Gärten und einigen Türmchen geschmückt sind, wirken trotz des Besucherstromes im Frühling und Sommer beschaulich.

Bossuet, ein weiterer berühmter Redner, wurde in Dijon geboren, der ehemaligen Hauptstadt des Herzogtums. Montbard, nahe der Zisterzienserabtei von Fontenay, ist die Heimat zweier Naturforscher: ***Daubenton*** und ***Buffon***. Letzterer ließ in der Stadt einen Park anlegen, und einige Kilometer entfernt richtete er eine Schmiede ein, in der er seine Experimente durchführte.

Im Gebiet um Mâcon entdeckt man die Spuren ***Lamartines***. Seine Geburtsstadt hat ihm ein Museum gewidmet. In Milly kann man das Haus besichtigen, in dem er seine Kindheit verbrachte. Im Schloss von Saint-Point,

einem weiteren winzigen Dorf, in dem ***Lamartine*** gern verweilte, ist die Ausstattung erhalten geblieben, die der Dichter vorfand, als er es zwischen zwei Reisen besuchte.

Unter den berühmten Burgundern, die in ihr Heimatland verliebt waren, muss man auch ***Colette*** nennen, die im Gebiet von Puisaye, in Saint-Sauveur, geboren wurde. Auch ***Maurice Genevoix*** und ***Henri Vincenot*** stammen aus dieser Gegend. Es handelt sich hier um drei Personen, die den Gedanken an die Liebe zum Wort, aber auch an die Liebe zu den Speisen der Region wecken. Die Spitzenweine aus den Anbaugebieten von Nuits und Beaune entfalten sich zwischen Gevrey-Chambertin, Vougeot, Vosne-Romanée, Nuits-Saint-Georges, Aloxe-Corton, - Beaune, Pommard ... Zu dieser unvollständigen Liste sollte man noch das weiter im Norden gelegene Chablis und die Weinberge im Gebiet von Mâcon um Pouilly, Fuissé und Chasselas hinzufügen. In der Nähe dieser Orte, in denen man das Gefühl des »bon vivre«, des »guten Lebens«, einatmet, befindet sich der Felsen von Solutré, ein Felsvorsprung, der in fünfhundert Metern Höhe das Schachbrettmuster der Weinreben überragt. Der Panoramablick ist genauso Schwindel erregend wie seine Geschichte: Es handelte sich bei der Gegend um ein seit prähistorischen Zeiten frequentiertes Jagdgebiet.

Mailly-le-Château, Arcy-sur-Cure, Seignelay, Noyers-sur-Serein oder Flavigny-sur-Ozerain – man kann einfach nicht alle Dörfer aufzählen, die den ganz persönlichen Charme der Gegend ausstrahlen. In Noyers zieren Fachwerkhäuser und Holzskulpturen die kleinen Gässchen, die sich um die beiden Plätze Marché-au-Blé und Petite-Etape-aux-Vins winden. Flavigny hat sich wie Noyers einen Teil seiner alten Befestigungsmauern bewahrt. Rund um seine alte Abtei sind die Häuserfassaden aus dem Mittelalter und der Renaissance mit Wendeltreppen, Regenrinnen und geschnitzten Simsen verziert. Die alten Winzerhäuser wurden zu Bauernhöfen umgestaltet, seit in der Region kein Wein mehr angebaut wird.

Die Region Franche-Comté erstreckt sich über eine lang gezogene Fläche entlang der schweizerischen Grenze bis hin zur Rhône. Diese Fläche umfasst die Gebiete des Belfort, des Doubs, des Jura und der Haute-Saône. Im Belfort, nahe der Vogesen und des Jura-Gebirges, hat eine natürliche Senke, die »Burgundische Pforte«, den Eroberern von einst viele Male als Durchgangspassage gedient; der berühmte, von ***Bartholdi*** geschaffene Löwe ist das Symbol des Widerstandes im deutsch-französischen Krieg. Besançon, die Hauptstadt der einstigen Grafschaft, hat eine lange Tradition als Uhrenstadt. Seit dem 17. Jahrhundert stellte man hier neben den berühmten Standuhren der Grafschaften auch Armbanduhren her. Dies ist die Heimat von ***Charles Fourier***, dem Gründer der Phalanstères, und der Brüder ***Lumière***, den Vorreitern des modernen Kinos. ***Claude Nicolas Ledoux*** schuf, nachdem er die Stadt Arc-et-Senans entworfen hatte, in Besançon das erste Theater mit Sitzplätzen für alle Zuschauer. Der in Dole geborene ***Pasteur*** verbrachte seine Kindheit in Arbois und kehrte bis zu seinem Lebensende regelmäßig dorthin zurück. Sainte-Claude ist Sitz einer bedeutenden Abtei aus dem Mittelalter. Seit dem 18. Jahrhundert es die Hauptstadt der französischen Pfeifenherstellung.

Lods

Lods wurde am Fuße eines Hangs im Tal der Loue angelegt. In diesem Tal mit vielen bezaubernden Dörfern widmete man sich lange Zeit dem Anbau des Poulsard, einer der berühmtesten Rebsorten des Jura. Die Weinreben und Winzer sind aus Lods verschwunden; an seinen steilen Straßen befinden sich jedoch noch immer die alten Häuser mit ihren grünbewucherten Fassaden unter den Dächern aus flachen Ziegeln. Einige Kilometer entfernt liegt das reizvolle Dorf Ornans, das seinem berühmtesten Sohn, Gustave Courbet, ein Museum gewidmet hat.

Folgende Seiten

Baume-les-Messieurs

Im Herzen des Jura befindet sich Baume-les-Messieurs im Grün einer Ebene, am Fuße eines hohen Felsens. Das Dorf ist aus einer Abtei entstanden, die im 6. Jahrhundert vom Heiligen Colomban, einem irischen Mönch, gegründet wurde. Dieser durchquerte Burgund, bevor er sein Gründungswerk jenseits der Alpen fortsetzte. Kleriker von Baume-les-Moines gründeten im Jahre 910 die Abtei von Cluny. Die zwischen dem 12. und 16. Jahrhundert von einer wohlhabenden benediktinischen Bruderschaft umgestaltete Abtei von Baume wurde in Baume-les-Messieurs umbenannt. Die Gebäude wurden während der Französischen Revolution zu Wohnhäusern umgestaltet und das Kloster zerstört. Die Kirche und alte, umgebaute Zellen erinnern jedoch an die einstige Ausstattung der Benediktinermönche.

Etwas weiter südlich, beinahe schon an der schweizerischen Grenze, liegt Ferney. Der Ort war etwa zwanzig Jahre lang die Zufluchtsstätte ***Voltaires***, der dort an seinen Werken schrieb und zahlreiche Besucher empfing. Heute heißt die Stadt Ferney-Voltaire.

Angeblich wächst im Jura seit über fünftausend Jahren Wein; auf jeden Fall handelt es sich um eine der ältesten Weinbauregionen Frankreichs, die schon im 1. Jahrhundert von ***Plinius dem Jüngeren*** erwähnt wurde. ***Philipp der Schöne*** führte seine Weine am Hofe ein, die auch später von Weinkennern wie ***Franz I.***, ***Heinrich IV.*** und ***Rabelais*** sehr geschätzt wurden. Heute bedeckt das Weinbaugebiet nur noch einen schmalen Landstrich zwischen Arbois, Château-Chalon, L'Etoile und Saint-Amour. Aber der gelbe Wein und der *Vin de Paille* aus dieser Gegend brauchen Jahre zur Reifung, und den Wert der Rotweine wissen meist nur Weinliebhaber zu schätzen. Das Leben in den Dörfern der Region Franche-Comté wurde lange Zeit durch den Rhythmus der Weinlese bestimmt. Einige der schönsten Dörfer befinden sich in den malerischen Gegenden an den Ufern des Ognon, der Loue oder des Lison. Viele Weinreben wurden durch Gärten oder Kirschbaum-Plantagen ersetzt, die dieser Gegend im Frühling besonderen Reiz verleihen.

Im Norden des Waldes von Chaux befindet sich die Festung Pesmes. Von hier aus wurde einst der Westen der Grafschaft verteidigt. Im Ort sind einige Überreste der alten Stadtmauer erhalten geblieben. Seine Gassen, die von Häusern mit verzierten Fassaden und hübschen Fensterkreuzen gesäumt werden, verlaufen rings um eine Kirche romanischen Ursprungs, die auf einem Plateau oberhalb des Ognon liegt.

Der Ort Lods erhebt sich an einem Hang nahe der Quelle des kurvenreichen Flusses Doubs. Die Weinreben und die Winzer von Lods sind verschwunden, doch ihre soliden Häuser, unter denen sich Gewölbekeller verbergen, säumen noch immer die steilen Straßen. In diesem ruhigen Dorf mit grünbewachsenen Fassaden findet man im Übrigen auch ein Museum des Weins und der Weinreben. Eine malerische Steinbrücke führt über einen Fluss und ermöglicht so den Angelliebhabern das Fischen von Forellen. Die Loue hat mit ihren Mäandern, ihren Wasserfällen und ihrem grünen Tal viele Maler inspiriert. Dazu zählt auch ***Gustave Courbet***, geboren als Spross einer Winzerfamilie in Ornans. Der Künstler zeichnete und malte unermüdlich seine Heimat, in die er immer wieder zurückkehrte, bis er ins Exil in die Schweiz gehen musste.

In seinem Gemälde *Das Begräbnis in Ornans* stellte ***Courbet*** fünfzig Personen der Stadt dar. Die Landschaften und die Menschen der Gegend sind jedoch in vielen weiteren Werken zu sehen, darunter *Das Schloss von Ornans*, *Die Quelle der Loue* oder *Die Kornsieberinnen*. In seinem Geburtshaus befindet sich ein seinen Werken gewidmetes Museum. In Ornans führen mehrere Brücken über die Loue. Die hübschen Gebäude im Stil der Renaissance oder der Klassik, die kleinen Gärten und die manchmal auf Pfahlwerk errichteten Häuser, deren Veranden sich zum Wasser hin öffnen, schaffen mitten in den Wäldern des Jura-Gebirges eine Oase von beinahe venezianischem Erscheinungsbild.

Mouthier-Haute-Pierre erhebt sich an den Hängen eines Hügels am Ufer der Loue, in einer besonders reizvollen Umgebung. Einige Gebäude des ehemaligen Benediktinerpriorats wurden restauriert und zu Wohnungen umgestaltet. Nozeroy, das zwischen den hundertjährigen Tannen des Waldes von Joux und der Quelle des Ain liegt, war einst die Hochburg der ***Chalons***, einer bekannten Familie aus der Franche-Comté. Ihr heute in Ruinen liegendes Schloss war einst Ort prunkvoller Feste und wurde von Berühmtheiten wie ***Karl dem Kühnen*** aufgesucht.

In der Nähe von Château-Chalon liegt Baume-les-Messieurs. Der Ort ist auf einer grünbewachsenen Ebene am Fuße eines Kalkfelsens von mehr als zweihundert Metern Höhe angelegt worden, an der Stelle, wo die Seille eine Schleife bildet. So wie das mehr im Norden liegende Baume-les-Dames erhielt der Ort seinen Namen von einem keltischen Wort, welches »Grotte« bedeutet. Im Talkessel von Baume entdeckt man nämlich zahlreiche Grotten, deren mit Tropfsteinen verziertes Inneres bisweilen eine Höhe von achtzig Metern erreicht. Das winzige Dorf, dessen Häuser sich an den Kirchturm schmiegen, ist aus einer Abtei entstanden, die im 6. Jahrhundert vom ***Heiligen Colomban***, einem irischen Mönch, gegründet wurde. Einige Jahrhunderte später gründeten zwölf Kleriker aus Baume-les-Moines die Abtei von Cluny. Die ursprüngliche Abtei der ehrerbietigen Mönche von Baume wurde im Laufe des 12. Jahrhunderts von einer wohlhabenden benediktinischen Bruderschaft umgestaltet und in Baume-les-Messieurs umbenannt. In der Abteikirche befindet sich noch immer die Skulptur von ***Jean de Watteville***, einem Abt von Baume im 17. Jahrhundert; die fast schon legendären Eskapaden dieses zum Mönch gewordenen Soldaten wären es wert, in einem Mantel-und-Degen-Roman festgehalten zu werden.

Auvergne Limousin

Die Auvergne ist die einzige Vulkanregion Frankreichs. Zusätzlich zu den alten Vulkanen und zu den durch die Erosion abgerundeten Formen haben sich Gipfel gebildet, die von Ebenen durchsetzt sind und deren Form sich in der Folgezeit während der Entstehung der Alpen und der Pyrenäen entwickelt hat. Die Gipfelkette südlich von Clermont-Ferrand erreicht bisweilen eine Höhe von mehr als 1000 Metern. Dies ist das Gebiet der Skiläufer und das der Chalets und Gebirgsweiler, die traditionell von der Viehzucht und der Milchwirtschaft leben. Im Norden fällt das Bergrelief sanft bis ins Departement Allier ab. Dies ist eine reiche Anbau- und Weinregion, die sich rund um Saint-Pourçain erstreckt. Der Saint-Pourçain, gleichzeitig Name des hiesigen Käses und Weins, ruft eine Reihe der in der Auvergne hergestellten Produkte ins Gedächtnis: Saint-Nectaire, Fourme d'Ambert, Cantal, Bleu d'Auvergne, Murol. Andere Namen erinnern an die handwerklichen Bereiche, die seit Jahrhunderten in der Region angesiedelt sind, wie die Schneidwarenherstellung in Thiers oder die Spitzenherstellung im Gebiet von Velay. Der vulkanische Boden hat der Auvergne auch unzählige Quellen beschert, deren Wasser, das sich einen langen Weg durch die Felsen bahnt, bevor es an die Oberfläche tritt, diverse heilende Eigenschaften hat. Es gibt eine große Anzahl an Thermalbädern: Vichy, Châtelguyon, Le Mont-Dore, La Boubole. Chaudes-Aigues besitzt – so wie sein Name bereits andeutet – die heißesten Quellen.

Durchquert man die Gebiete Allier, Puy-de-Dôme, Cantal und Haute-Loire, so trifft man abwechselnd auf offene Marktflecken wie Condat und auf befestigte Dörfer wie Auzon, die zumeist auf einer Anhöhe errichtet worden sind. Viele der Häuser fallen durch den dunklen Stein ihrer Fassaden auf, denn die Vulkane haben den Erbauern der Häuser ein Material geliefert, das bisher im übrigen Frankreich völlig unbekannt gewesen war: die Lava. Salers, erbaut rund um das Schloss der Grafen von Salers, musste sich mit Befestigungsmauern umgeben, um sich gegen die Engländer und die *Grandes Compagnies* zu verteidigen.

Turenne

Im Süden von Brive-la-Gaillarde erhebt sich Turenne mit seinen Schieferdächern stufenartig unter den eindrucksvollen Überresten des Schlosses der Familie La Tour d'Auvergne. Diese erinnert an zwei wichtige Personen aus dem Stamm der Hugenotten: den Herzog von Bouillon unter Heinrich IV. von Frankreich und seinen Sohn, den großen Turenne, der sich nach seiner Teilnahme an den Aufständen unter Ludwig XIV. mit dem König ausgesöhnt hatte. In Turenne, das einst Sitz eines Vicomtes war, ist das Salzspeicher-Haus aus jener Zeit erhalten geblieben, in das sich einst die Generalstände zurückzogen. Darüber hinaus sind zahlreiche, mit Türmchen verzierte Gebäude aus dem 15. und dem 16. Jahrhundert zu besichtigen.

Ein Teil dieser im 15. Jahrhundert errichteten Verteidigungsmauern existiert noch heute. Die eleganten Gebäude, die die Grand-Place umgeben, stammen aus der Renaissance; zu jener Zeit ließ sich das hohe Bürgertum an dem Ort nieder, der im 16. Jahrhundert zum Verwaltungssitz der Hautes-Montagnes der Auvergne wurde.

Nahe des Hauptbrunnens im Zentrum befindet sich eine Statue von ***Tyssandier-d'Escous***, der im 19. Jahrhundert die Rasse der Kühe mit rötlichem Fell weiterentwickelte. In der Kirche, deren Portalvorbau im romanischen Stil gehalten ist, befinden sich herrliche Wandteppiche aus Aubusson, das seit dem 15. Jahrhundert Hauptstadt dieser Kunst im Limousin ist. ***Michelet*** sprach von dem »kalten Land unter einem schon südlichen Himmel, in dem man auf dem Lavagestein friert«, das sich in 950 Metern Höhe befindet. In Usson, das auf einer Anhöhe östlich von Issoire erbaut wurde, erkennt man die schwarze Farbe des Basalts, doch die Dächer der Häuser sind mit Ziegeln bedeckt.

Es handelte sich bei diesem Ort um eine der Festungen in der Basse-Auvergne, dessen Schloss einst als uneinnehmbar galt. Auf einer der Türen findet man die folgende Inschrift: »*Garde le traitre et la dent*« (Fürchte nichts als Verrat und Hunger). Im unteren Stadtviertel stößt man auf die alten Häuser der Winzer, denn Usson lebte lange Zeit vom Weinanbau, bevor es sich der Viehzucht und der Bodenbewirtschaftung widmete. Die engen Straßen führen zu einer romanischen Kirche hinauf und von dort zu den Überresten eines Schlosses, das auf Befehl ***Richelieus*** zu Beginn des 17. Jahrhunderts dem Erdboden gleich gemacht wurde. Hier wurde ***Margarete von Valois*** fast 20 Jahre lang festgehalten, nachdem sie von ihrem Bruder ***Heinrich III.*** des Hofes verwiesen worden war.

Am Rande des Gebirges von Bourbonnais liegt Châtelon. Östlich von Vichy gelegen sind hier – obwohl in dieser Gegend kein Wein mehr angebaut wird – Winzerhäuser mit Holzbalkonen und andere mittelalterliche Überreste erhalten geblieben. Weiter nördlich in Châtel-Montagne, kann man noch immer eine eindrucksvolle romanische Kirche bewundern.

Die Auvergne ist reich an romanischen Zeugnissen, wie beispielweise die Kirche Saint-Austremoine d'Issoire, die eines der größten und bemerkenswertesten Exemplare darstellt, und die Kirchen Saint-Menoux, Saint-Saturnin oder Arempdes, die bescheidener gestaltet sind. In der Kirche von Ebreuil, die an den Ufern des Flusses Sioule liegt, findet man wertvolle mittelalterliche Fresken. Die Kirche von Orcival, im Massiv der Monts-Dore, wurde von den Mönchen von La Chaise-Dieu, einer bedeutenden Hochburg des Glaubens im Mittelalter, gegründet. Seine Ausbreitung erklärt sich zum Teil durch die Tatsache, dass Papst ***Clemens VI.*** aus den Reihen seiner Mönche hervorging. In der Kirche Saint-Pierre-et-Paul in Souvigny sind der romanische und der gotische Stil miteinander vermischt. Diese Kirche war das erste Priorat, das von der Abtei von Cluny im 10. Jahrhundert gegründet wurde. Es befand sich auf einem Stück Land, das ihr ***Aymard***, ein Vorfahr der Bourbonen und Oberleutnant des Herzogs von Aquitanien, überlassen hatte. Die Kathedrale von Moulins, der Hauptstadt des Bourbonnais-Gebietes, fällt durch ihren glanzvollen gotischen Baustil auf.

In der orientalisch inspirierten Kathedrale von Puyen-Velay stößt man auf einige Meisterwerke der religiösen Kunst. Doch die Kapelle Saint-Michel-d'Aiguilhe, die auf einem Berggipfel aus Lava abseits der Stadt errichtet wurde, stellt sicherlich das beeindruckendste Bild der Region dar. Ein weiterer Lava-Gipfel in der Nähe trägt die riesenhafte Statue von Notre-Dame-de-France, die unter ***Napoleon III.*** aus Gusseisen angefertigt wurde. Clermont-Ferrand, die Hauptstadt der Auvergne, wird von den Spitzen einer gotischen Kathedrale überragt, deren schwarzer Stein von den herrlichen, vorwiegend in Rot und Blau gehaltenen Glasfenstern aufgehellt wird. Die Basilika Notre-Dame-du-Port stellt hingegen eines der schönsten Exemplare romanischer Kunst in der Auvergne dar. Zu den bekanntesten Persönlichkeiten der Stadt gehört ***Blaise Pascal***. ***Teilhard de Chardin*** erblickte einige Kilometer entfernt, im Schloss von Sarcenat, das Licht der Welt.

Die Schlösser der Auvergne sind ebenso mannigfaltig wie ihre Landschaften. Das Dorf Murol, das sich zwischen Mont-Dore und Saint-Nectaire befindet, wird von den Überresten einer mächtigen Burg überragt, in der heute historisch getreue Nachbildungen zu bewundern sind. Das Schloss von Chouvigny, das ebenfalls aus dem Mittelalter stammt, überragt eindrucksvolle Schluchten. Dies war der Wohnsitz der Familie ***La Fayette***, aus der auch der berühmte General hervorging.

Salers

Salers ist eines der Dörfer der Auvergne, die aus Vulkanstein gebaut wurden und von Schieferdächern bedeckt sind. Hier vermischt sich eine gewisse Strenge des Stils – die Häuser wurden so gestaltet, dass sie den harten Wintern widerstehen konnten – mit all den Verzierungen der Renaissance: Türmchen, Kegeldächer und Fensterkreuze. Die Altstadt, die seit dem Mittelalter wohlhabend ist, ist sowohl bekannt für eine Rinderrasse, der sie ihren Namen gegeben hat, als auch für den berühmten Cantal-Käse aus der Region.

Folgende Seiten

Collonges-la-Rouge

In Collonges erheben sich rote Sandsteinfassaden inmitten von Weinreben, Nuss- und Kastanienbäumen. Die aus der Renaissance stammenden Schlösschen und Gebäude waren im 15. und 16. Jahrhundert Sitz der Beamten der Vizegrafschaft von Turenne. Während der Religionskriege spielte das reizende Dorf eine eher defensive Rolle, die noch immer durch den mächtigen, quadratischen Turm seiner Kirche deutlich wird.

Die hohen Türme mit ihren Kegeldächern, die zum Schloss von Val nahe Bort-les-Orgues gehören, erheben sich auf einem Hügel, der von einem See umgeben ist. Das unversehrte Äußere und der Charme dieser Region haben so manchen Filmemacher dazu inspiriert, hier seinen Mantel-und-Degen-Film zu drehen. Das Schloss von Anjony, das aus dem 15. Jahrhundert stammt, ist aus rotem Basaltstein gebaut und überragt das Tal der Doire. Das Schloss von Effiat wurde im 17. Jahrhundert vom Vater des ***Marquis Cinq-Mars*** errichtet, der ***Ludwig XIII.*** nahe stand und wegen eines Komplotts gegen ***Richelieu*** hingerichtet wurde. Man kann die Spuren dieser Geschichte in den Sälen des klassischen Schlosses nachvollziehen. Das Schloss von Parentignat, das in der Nähe von Issoire liegt, wird von einem englischen Park umgeben und stammt aus dem frühen 18. Jahrhundert.

Man kann die Auvergne nicht ohne Gedenken an ***Henri Pourrat*** verlassen, den Autor von *Gaspard aus den Bergen*, der in Ambert geboren wurde. Sein Freund war ***Alexandre Vialatte***, Übersetzer ***Kafkas***, Schriftsteller und Chronist. Vialatte stammte ursprünglich aus dem Limousin und verbrachte einen Großteil seines Lebens in Ambert.

Die Region des nördlichen Limousin zwischen Gartempe und Vienne, der Dordogne und der Vézère, ist die Gegend der *Bocagen*-Landschaften und durchsetzt von tiefen Tälern mit feuchter Bodenbeschaffenheit. Am westlichen Rand der Charentes findet man zahlreiche, für die Viehzucht genutzte Felder, während das Klima im Süden in Richtung Périgord, wo man bereits auf Nussbäume, Maisfelder, Gelände, auf denen Trüffel wachsen, und Gänsezuchten trifft, schon etwas milder ist. Am östlichen Rand der Auvergne befindet sich das aus Heideland und Quellen bestehende Plateau de Millevaches.

Das Wappen des Limousin ist ein Kastanienblatt. Bis zum Ende des 19. Jahrhunderts lebten die Bewohner von riesigen Kastanienwäldern, aus denen sie sämtliche Holzprodukte gewannen, insbesondere zur Herstellung von Holzfässern. Seit dem Ende des Mittelalters stellte das Departement Creuse das Arbeitskräftepotenzial für den Häuserbau in ganz Frankreich. Da ihr Aufgabenbereich im Limousin eingeschränkt war, breiteten sich die Maurer der Gegend in allen großen Städten Frankreichs aus. Im Umkreis von Limoges, in Saint-Yrieix-la-Perche, stieß man in der Mitte des 18. Jahrhunderts auf Kaolin-Vorkommen. Dieser Rohstoff rief die große Tradition der Region ins Leben: die Porzellanverarbeitung. Große Fabriken ließen sich schon kurz darauf in der Hauptstadt des Limousin nieder, und das Porzellan trat an die Stelle des Email, das hier seit dem Mittelalter bearbeitet wurde. ***Renoir***, der in Limoges geboren wurde, begann hier seine Karriere als Porzellanmaler.

Blesle

Der erstaunliche architektonische Reichtum Blesles zeugt von der langen Geschichte der Stadt. Sie beginnt mit der Frau des Grafen der Auvergne, Bernhard II., der den Beinamen Plantevelue trug. Die Gräfin Ermengarde gründete gegen 870 eine Benediktinerabtei, und dieser abgelegene Ort wurde zu einem Zentrum geschäftigen Treibens. Im Mittelalter wurde Blesle zu einem wohlhabenden, kleinen Marktflecken, und die Abtei wurde als Königsabtei eingestuft. Die adligen Damen jener Zeit mussten vier verschiedene Adelssitze haben, und sie hatten Anrecht auf den Titel der Äbtissin und der Gräfin. Sie erfreuten sich eines sehr hohen Einkommens und genossen viele Privilegien.

Das Limousin wird von Festungen gesäumt, die von der langen Rivalität zwischen den Herzögen Aquitaniens und den französischen Königen zeugen. Am Rande des Departements Haute-Vienne befindet sich die Festung von Rochechouart, heute ein Museum für zeitgenössische Kunst. In den Gebäuden der Haute-Vienne vermischen sich die Stilrichtungen des 13. bis 18. Jahrhunderts, so beispielsweise in Coussac-Bonneval.

Ein wenig weiter im Süden befindet sich Ségur-le-Château, die Heimat der Grafen von Limoges. Seine Ruinen überragen ein Dorf mit kurvigen Straßen – gesäumt von Häusern, deren Fassaden kunstvoll mit Türmchen und Fensterkreuzen geschmückt sind. Das Schloss von Montbrun, das seinem Ruf als uneinnehmbare Zitadelle stets treu blieb, widerstand gar dem Angriff von ***Richard Löwenherz***. In unmittelbarer Nähe erhebt sich das Schloss von Châlus. Es befindet sich am Rande des Poitou und des Departements Haute-Vienne. Châlus hatte einst eine immense strategische Bedeutung. Als ***Richard***, Sohn der ***Eleonore von Aquitanien***, im Jahre 1199 versuchte, den Ort in seine Gewalt zu bringen, erlitt er tödliche Verletzungen.

Im Herzen des Corrèze liegt Ventadour. Dort sind die Ruinen einer weiteren bedeutenden mittelalterlichen Festung erhalten geblieben. Der Bergfried aus dem 13. Jahrhundert hat die Zeiten überdauert: Er krönt eine felsige Bergspitze inmitten einer atemberaubenden Umgebung. Dies war einer der wichtigsten Kriegsschauplätze während des Hundertjährigen Krieges, doch der Name erinnert eher an ***Bernart von Ventadorn***, den Troubadour aus dem 12. Jahrhundert.

In der Region um Limoges findet man auch einige berühmte Stätten, die einst von Pilgern auf dem Weg nach Santiago de Compostela aufgesucht wurden. Meistens fand man sich hier zur Rast in einem Kloster ein, das einige Jahrhunderte zuvor von einem Heiligen gegründet worden war. So auch in Solignac der Fall, das im 7. Jahrhundert vom ***Heiligen Eligius***, dem Schatzmeister ***Dagoberts***, gegründet worden war. In Saint-Léonard-de-Noblat ist eine hübsche romanische Kirche erhalten geblieben, die auf dem Platz des ehemaligen Klosters des ***Heiligen Leonhard***, dem beliebten Schutzpatron der Gefangenen, gebaut wurde. In Saint-Germain-les-Belles hat man ein Krankenhaus errichtet, das im 14. Jahrhundert ausschließlich für die Pilger bestimmt war. Die befestigte Kirche stammt aus derselben Epoche. Einige der schönsten Dörfer Frankreichs zieren das Limousin, so wie Treignac, Saint-Robert, Curemonte oder Collonges-la-Rouge. Treignac liegt am Ufer der Vézère auf einem Hügel, der sich in einem Waldstück erhebt. Ein wenig weiter im Süden liegt Saint-Robert mit seiner romanischen Abteikirche. Das im Grenzbereich der Departements Corrèze und Lot liegende Curemonte ist heute fast völlig unbewohnt und hat sich erstaunlich viele Schlösser und Kirchen bewahrt, die von seiner wirtschaftlichen Bedeutung während der vergangenen Jahrhunderte zeugen. Einige Kilometer von Collonges-la-Rouge entfernt erstreckt sich auf einer Anhöhe das Dorf Turenne. Von hier aus hat man einen herrlichen Ausblick auf die grünen Hügel des Zentralmassivs und auf das Tal der Dordogne. Die Ruinen eines alten Schlosses überragen das Dorf und seine mittelalterlichen Überreste aus weißem Kalkstein, den Marktplatz und das Salzspeicher-

Lavoûte-Chilhac

Das Dorf liegt in der Schlucht des Allier in den fruchtbaren Limagnes-Ebenen. In Lavoûte befindet sich eine Benediktiner-Abtei. Brioude erstreckt sich ein wenig weiter im Norden; es besitzt die größte romanische Kirche der Auvergne und gleichzeitig eine der schönsten Kirchen, die im Mittelalter eine bedeutende Pilgerstätte war.

Haus. Das Schloss gehörte einst der Familie ***La Tour d'Auvergne***, deren berühmtestes Mitglied ***Heinrich***, der ***Herzog von Bouillon***, erst einer der Parteiführer der protestantischen Partei unter ***Heinrich IV.*** war, sich nach den Aufständen aber auf die Seite ***Ludwigs XIV.*** schlug. Stehen andere Dörfer der Gegend auch nicht unter Denkmalschutz, so haben sie doch ebenso viel Charme. Ein Beispiel hierfür ist Moutier d'Ahun. Ein wenig weiter im Norden befindet sich Guéret, die Heimat von ***Marcel Jouhandeau***, der diesen Ort unter dem Namen Chaminadour kritisch beschrieb. In Bellac ehrt dagegen ein Denkmal den einheimischen Dichter ***Jean Giraudoux***.

Rhône-Alpes

Die Region Rhône-Alpes erstreckt sich über die Departements Loire und Ardèche und von den Gipfeln der Alpen bis in die Landschaften des Mittelmeers. »Die Rhône ist das Symbol der Gegend, ihr Talisman, so wie der Nil der Talisman Ägyptens ist«, schrieb ***Michelet***. Und dort, wo die Rhône mit der Saône zusammenfließt, entstand einst die Metropole Lyon. Lyon war die Hauptstadt des römischen Galliens und profitierte seit dieser Zeit von seiner Lage als natürlicher Knotenpunkt an der Kreuzung der fünf großen römischen Straßen. Auf dem Hügel Croix-Rousse lag einst die gallische Stadt, während sich an der anderen Uferseite der Saône das Forum, das Theater und das Kapitol der Römer an den Hängen des Fourvière erhoben. Auf Initiative des Erzbistums entstanden im Mittelalter in Lyon viele Kirchen und Abteien. Die Renaissance galt als Epoche des großen Aufschwungs; die Sonette von ***Louise Labé*** und von ***Maurice Scève*** tragen hiervon Zeugnis. Im Übrigen hat auch ***Rabelais*** in Lyon sein Werk *Gargantua und Pantagruel* veröffentlicht.

Das Seidenhandwerk hat zur Entwicklung der Handelsstadt beigetragen. »Während der furchtbaren Umwälzungen der ersten Jahrhunderte des Mittelalters öffnete sich diese große Kirchenstadt einer Flüchtlingsflut. Diese Stadtbevölkerung hatte weder Feld noch Boden, nichts als ihre bloßen Hände und die Rhône; sie war auf Handel und Gewerbe ausgerichtet«, schrieb ***Michelet***. In den schmalen Gässchen zwischen den Häusern der Croix-Rousse gingen zu jener Zeit die Weber ihrer Tätigkeit nach. In diesen verschachtelten Innenhöfen und Durchgängen war einst der Lärm der Handwerker zu hören. Von hier ging auch der Seidenweberaufstand im Jahre 1831 aus, als die neuen Webmaschinen, die ***Jacquard*** erfunden hatte, die wirtschaftliche Lage der Weber ins Schwanken brachten. Heute ist dieses Viertel einer der malerischsten Orte in der Altstadt. Gleiches gilt für das Viertel Saint-Jean, die Place des Terreaux und die Place Bellecour. Gegen Ende des 19. Jahrhunderts wurde Lyon zur Wiege des Kinos, bevor die Brüder ***Lumière*** ihre Erfindung in Paris zeigten.

Die Schluchten der Loire bilden eine weite Ebene, die im Westen von den Bergen der Madeleine und des Forez, im Osten von denen des Beaujolais und der Gegend um Lyon und im Süden vom Berg Pilat abgegrenzt wird.

Saint-Julien

Im Herzen des Beaujolais liegt Saint-Julien, dessen Glockenturm eine Landschaft voller Weinberge überragt; sie ist Quelle des Weines, der als der »dritte Fluss der Region« bezeichnet wird. Zu Beginn des 19. Jahrhunderts erblickte hier der Physiologe Claude Bernard das Licht der Welt. In seinem ehemaligen Wohnhaus befindet sich heute ein seinen Forschungsarbeiten gewidmetes Museum.

OSTELLERIE du VIEUX

Saint-Etienne, Hauptstadt des Departements Loire, hat sich anfangs dank des die Stadt umgebenden Steinkohlereviers entwickelt; man spezialisierte sich auf die Herstellung von Stichwaffen. Im Jahre 1885 wurde die *Manufacture française d'armes et de cycles* gegründet, eine Waffenfabrik in Saint-Etienne. Diese Fabrik war der wirtschaftliche Antriebsmotor der Stadt, bis sie ein Jahrhundert später aufgelöst wurde. Saint-Etienne zählt heute eines der berühmtesten französischen Museen für moderne Kunst zu seinen Sehenswürdigkeiten. Roanne hat sich mehr auf die Textilindustrie ausgerichtet. Sein an der Loire liegender Hafen diente bereits dazu, die eigenen Produkte über den Kanal von Briare in Richtung Norden zu verschiffen, als ein Ausbau des Flusses im 18. Jahrhundert auch die Ausfuhr von Produkten aus Saint-Etienne ermöglichte.

Das Dorf Ambierle liegt inmitten der Weinberge von Roanne, nahe Saint-Haon-le-Châtel, wo einige schöne Häuser aus der Zeit der Renaissance erhalten geblieben sind. Etwas weiter südlich erhebt sich Saint-Maurice-sur-Loire stufenartig am Flussufer, unterhalb der Ruinen eines mittelalterlichen Schlosses. Zu den Besonderheiten des Ortes Saint-Bonnet-le-Château, der sich südlich des Forez-Gebiets befindet, zählt ein in der Region nicht besonders verbreitetes Spiel: das Boule-Spiel. Die einst befestigte Stadt ist rings um eine von alten Häusern flankierte gotische Stiftskirche angeordnet. Von den Befestigungsmauern aus hat man einen herrlichen Blick auf die Umgebung. Sainte-Croix-en-Jarez, das zwischen Sainte-Etienne und Vienne liegt, birgt in den Gebäuden eines ehemaligen Kartäuserklosters, die während der Französischen Revolution verkauft wurden, ein Miniaturdorf. Innerhalb der rechteckigen Schutzmauer werden zwei durch einen Durchgang verbundene Höfe von Wohnstätten und Gärten gesäumt.

Die Rhône hat dem angrenzenden Departement, das sich nordwestlich von Lyon erstreckt, seinen Namen gegeben. Das Gebiet des Beaujolais, das entlang der Saône verläuft, ist seit der Römerzeit mit Weinreben bepflanzt. Der Wein aus Vaux-en-Beaujolais, das zu den allen Önologen bekannten Dörfern zählt (Juliénas, Fleurie, Broully), hat angeblich den aus Lyon stammenden ***Gabriel Chevallier*** zu seinem wohlschmeckenden Clochemerle inspiriert. Die mit Ziegeldächern versehenen Häuser des Beaujolais sind im Norden aus blassgrauem Stein erbaut, während die Häuser im Süden, im »Land der goldenen Steine«, aus ockerfarbenem Kalkstein errichtet sind. In einigen Dörfern wie Charnay oder Ternaud finden sich noch Überreste der Festungen.

Pérouges

Wenige Altstädte konnten ihren Charakter mit so viel Glück bewahren wie Pérouges. Der Marktplatz im Stadtzentrum, die Rue des Rondes, die an den Befestigungsmauern entlang verläuft, oder die Rue des Princes, in der sich das Haus der Prinzen von Savoyen befindet, sind herrliche Zeugnisse aus dem Mittelalter und der Renaissance. In einigen Häusern sind noch die steinernen Auslagen im Erdgeschoss zu sehen, auf denen einst Händler und Handwerker ihre Waren feilboten. Die mit Fachwerk oder Erkern verzierten Fassaden aus Kieselstein und die gepflasterten Gassen von Pérouges wurden häufig als Kulisse für Historienfilme verwendet. Der berühmte Sprachwissenschaftler Vaugelas erblickte hier im Jahre 1585 das Licht der Welt.

Hauteluce

Das Dorf ist rund um einen der schönsten Zwiebeltürme von Beaufortain angelegt. Das nordöstlich von Albertville gelegene Hauteluce profitiert von den Skipisten von Les Saisies, einem zum großen Teil auf Skilanglauf ausgerichteten Wintersportgebiet in 1600 Metern Höhe.

Nach Oingt gelangt man noch durch das Tor von Nizy. Die Häuser des Dorfes, unter denen sich riesige Keller befinden, säumen die mitunter nur den Fußgängern vorbehaltenen Straßen. Eines der Häuser, das Gemeinschaftshaus, stammt aus dem 15. Jahrhundert. Die Kirche war einst Kapelle eines Schlosses, von dem nur Ruinen übrig geblieben sind. Von Oingt aus schweift der Blick über die Berge von Tarare, wo sich das Dorf Chamelet unter der Spitze seines schönen, mit lackierten Dachziegeln bedeckten Glockenturmes in das Tal von Azergues schmiegt. In den Straßen, die hier und da von Treppen unterbrochen werden, befinden sich auch die Markthallen aus dem 16. Jahrhundert und ein Bergfried aus dem 15. Jahrhundert. Zwischen der Saône und der Ain folgen die Wälder und Teiche der Dombes aufeinander. ***Franz I.*** machte aus diesem Gebiet ein Prinzipat, das erst im Jahre 1762 an die französische Krone zurückfiel. Seine einstige Hauptstadt Trévoux, die in einer Schleife der Saône errichtet wurde, zeugt noch von seiner einflussreichen Vergangenheit. Nahe des Parlamentspalastes aus dem 17. Jahrhundert wurden einige Hôtels errichtet, von denen eines den Namen der ***Herzogin von Montpensier*** und Cousine ***Ludwigs XIV***., trägt. Der ***Heilige Vincenz von Paul*** war Pfarrer in Châtillon-sur-Chalaronne.

Regisseure haben für ihre Filme oft die Kulisse von Pérouges gewählt. Die Stadt, die zwischen Dombes und Bresse um einen Hügel herum liegt, soll von einer aus Italien kommenden Kolonie gegründet worden sein. Im 17. Jahrhundert wurden die Festungsmauern der inzwischen zu Frankreich gehörenden Stadt abgerissen. Nur die Rue des Rondes, die an ihnen entlang führte, und zwei Zugangstore zeugen noch heute von ihrer Existenz. Viele der Häuser von Pérouges stammen aus dem 15. und 16. Jahrhundert, dem Zeitalter, als die Einwohner durch die Arbeit mit Hanf zu Wohlstand gelangten. Viele Häuser wurden jedoch im 19. Jahrhundert verlassen oder zerstört, als das Aufkommen der industriellen Weberei die Zahl der Manufakturen schrumpfen ließ. Zu Beginn des 20. Jahrhunderts wurde der Ort glücklicherweise unter Denkmalschutz gestellt.

In La Bresse, das für seinen Käse ebenso bekannt ist wie für die Qualität seines Geflügels, sind ganz besondere alte Bauernhöfe erhalten geblieben. Sie sind bedeckt von einem vierseitigen Dach, auf dem sich hohe sarazenische Schornsteine in Türmchenform erheben. Diese Schornsteine führten zu einer Feuerstelle, die nicht an einer Wand, sondern unter einer Schutzabdeckung in der Mitte des Raumes errichtet und von einer Art Graben umgeben wurde. Hübsche Exemplare dieser Art von Häusern sind in den Dörfern Saint-Triviers-de-Courtes, Grandval und Vernoux zu finden.

Im Gebiet des Departements Haute-Savoie, von Chalais bis Faucigny, eröffnen die von tiefen Tälern eingeschnittenen Voralpen dem Betrachter den Blick auf eine Landschaft von atemberaubender Schönheit. Hier befindet sich auch der höchste Punkt der Alpen, der Mont Blanc. Die Gegend ist seit der prähistorischen Zeit bewohnt, wie etwa das alte Annecy, die am Ufer eines Sees liegende alte Hauptstadt der Grafschaft von Genf. In der Kathedrale Saint-Pierre las der ***Heilige Franz von Sales*** Messen, und der junge ***Jean-Jacques Rousseau*** traf in Annecy ***Madame de Warens***, bevor er sich auf seinem Besitz in Chambéry niederließ. Wie die bedeutenden Luftkurorte Thonon-les-Bains und Evian erhebt sich auch Yvoire am Ufer des Genfer Sees. Das von einer Festung umgebene Dorf Yvoire war einst ein Binnenhafen, bevor es zu einer Hochburg für Touristen wurde. Das milde Klima sowie die Straßen, Plätze und blumengeschmückten Balkone machen diesen Ort zu einem bezaubernden Hafen der Erholung. In Abondance, einem bekannten Ski- und Wandergebiet, befand sich zu Beginn des 12. Jahrhunderts eines der ersten Priorate der Region, das in der Folgezeit zu einer Abtei wurde. Im Kreuzgang sind herrliche Fresken erhalten. Châtel, das sich inmitten einer Alpenlandschaft befindet, ist von hohen Gipfeln umgeben, ebenso Samoëns, ein hübsches Dorf, das von einer Stiftskirche aus dem 16. Jahrhundert überragt wird. Die mit Schiefer bedeckten Häuserdächer von Sixt-Fer-à-Cheval befinden sich rund um einen aus Gletschern entstandenen Strom. Das Dorf liegt unterhalb eines hohen, bewaldeten Felsens.

Hauteluce

Im Winter ist Hauteluce mit seinem dichten Schneemantel ein Paradies für Skiläufer, im Sommer wird es zum Paradies für Wanderer. Das ganze Jahr über ist es ein beliebter Ort für Käseliebhaber, die den Käse aus den Savoyen schätzen, wie beispielsweise den Tome oder den Beaufort.

In der Nähe von Chamonix und dem Gletscher Mer de Glace befindet sich Argentière, dessen Häuser um eine für diese Alpenregion typische Kirche mit Zwiebelturm erbaut wurden. In Thônes bei Annecy schmiegt sich ein von alten Häusern gesäumter Arkadenplatz mit einem hübschen Brunnen ins Herz der Stadt. Weiter im Süden, oberhalb des Sees von Annecy, liegt Talloires an einem herrlichen Ort, den die Benediktinermönche vor tausend Jahren wählten, um dort eine Abtei zu errichten.

In Savoyen werden sowohl der berühmte Käse von Beaufort als auch der Reblochon und der Tome von Savoyen erzeugt. In Beaufort-sur-Doron befinden sich die Überreste zweier Schlösser und einer schönen alten Barockkirche. Hauteluce besitzt einen der schönsten Glockentürme von Beaufortain. Conflans, bei Albertville am Zusammenfluss der Isère und des Arly gelegen, hat sich aus der Zeit im 17. und 18. Jahrhundert, als es ein bedeutendes Handelszentrum war, seine hübschen Häuser und eine bemerkenswerte Barockkirche bewahrt. In dem hoch gelegenen Dorf, das sich in der Folgezeit auch über die Ebene ausgebreitet hat, kann man am Rande der Straßen noch immer die charakteristischen farbenfrohen Fassaden bewundern. In der Nähe der italienischen Grenze erhebt sich Bonneval-sur-Arc am Rande des Nationalparks der Vanoise. Hier liegen auch Bessans, in dem sich herrliche barocke Refugien befinden, sowie Aussois, das oberhalb des Arc-Tals angesiedelt ist.

Zwischen den Bergmassiven von Vercors und Chartreuse und der Bergkette von Belledonne erstreckt sich Grenoble auf einem Mäander des Flusses Isère. Hier erblickten ***Fantin-Latour*** und ***Stendhal*** das Licht der Welt. Eine Seilbahn verbindet das Stadtzentrum mit dem Fort der Bastille, das auf einem Felsvorsprung liegt. Diesen kann man zu Fuß durch den Jardin des Dauphins erreichen. Die Häuser, die sich mit ihren bunten Fassaden entlang der Kais der Isère aufreihen, die hübsche Place Grenette, die an alten Gebäuden entlang führenden Fußgängerstraßen und die breiten, den Blick auf die umliegenden Berggipfel eröffnenden Prachtstraßen verbinden sich hier zu einem reizvollen Ganzen. Grenoble – eine schöne Stadt inmitten der Berge.

Im Norden befindet sich das Fort Saint-Eynard, das einen herrlichen Panoramablick über die Gegend eröffnet, in der sich die Gipfel des Mont Blanc abzeichnen. Etwas entfernt verbirgt sich das Kartäuserkloster La Grande Chartreuse in einem Wald. Es war das erste Kloster, das der ***Heilige Bruno*** im 11. Jahrhundert gründete. Der Name stand auch für den religiösen Orden, der in dieser abgelegenen Gegend gegründet wurde. Im 18. Jahrhundert schufen die Mönche der Grande Chartreuse ein Heilelixier, das noch immer von Kartäusermönchen in Voiron hergestellt wird. Heute nur noch Genussmittel, ist das Geheimnis des Rezepts niemals durch die Tore der Weinbrennereien gelangt. Das Massiv von Vercors im Süden weckt die Erinnerung an einen der großen Partisanen des Widerstandes im Zweiten Weltkrieg.

Montbrun-les-Bains

Im äußersten Süden des Departements Drôme befinden sich die massiven, fast schon provenzalischen Häuser des Ortes Montbrun, die sich in der Nähe der Kalkstein-Abhänge des Berges Ventoux aus einem Meer von Grün erheben. Im Herbst findet hier ein Lavendel-Markt statt. Dieser wurde schon von den Römern besucht, die hierher kamen, um sich heilendes Wasser gegen Rheuma und Atemwegserkrankungen zu besorgen.

Dieses Kalkmassiv, das von Schwindel erregenden Schluchten umgeben, mit Grotten übersät und von einem dichten Wald bedeckt ist, war einst nur von Schafhirten bewohnt. Heute steht es unter Naturschutz. Villard-de-Lans, ein bekannter Winter- und Sommerurlaubsort, erhebt sich nahe der Schluchten der Bourne, einem Strom, der die Landschaft bis nach Pont-en-Royans an beeindruckenden Steilwänden durchzieht. Dieses hübsche, auf dem Fels errichtete Dorf belieferte einst die Kartäusermönche mit dem für ihre Kleidung benötigten Leinenstoff. Östlich von Grenoble befindet sich das Massiv von Oisans, in dem drei Gipfel beinahe 4000 Meter erreichen: die Ecrins, der Pelvoux und die Meije. Hier liegt die Domäne des Wintersports schlechthin, etwa in Orten wie Chamrousse, Les-Deux-Alpes und L'Alpe-d'Huez. Der Ort La Grave befindet sich am Fuße der Gipfel und der Gletscher der Meije. Einige Fachwerkhäuser schmücken das Dorf, in dem ***Balzac*** einst die Inspiration für sein Werk *Der Landarzt* fand.

Nach diesen hohen Gipfeln vermittelt das Departement Drôme einen eher mediterranen Eindruck. Nördlich der Hauptstadt Valence erhebt sich in Hauterives der merkwürdig naive Palast, der gegen Ende des 19. Jahrhunderts vom so genannten ***Facteur Cheval*** entworfen wurde. Ein Briefträger hat etwa dreißig Jahre lang Stein um Stein so angeordnet, dass ein mit Minaretten gespicktes und mit tausend Details ausgestattetes Bauwerk entstanden ist. Etwa zwanzig Kilometer von Montélimar entfernt liegt das Dorf Le Poët-Laval, der »Berg im Tal«, in dem mit Flachdächern bedeckte Häuser aus Kalkstein zu finden sind, die hier und da von runden Türmen verziert werden. Hier findet man auch den Lavendel und die Essenzen aus dem Süden Frankreichs sowie die Zypressenhaine, die die Häuser schützen. Im Mittelalter hat hier der Orden der Malteserritter eine Komturei gegründet. Der in der Gegend des Tricastin gelegene Ort Grignan ist dafür bekannt, dass sich hier häufig ***Madame de Sévigné*** aufhielt, um ihre Tochter zu besuchen. Das Dorf wird von dem wunderbaren Renaissance-Schloss mit den sorgfältig gearbeiteten Fassaden gekrönt, in dem die Marquise entschlief. Von der Schlossterrasse aus hat man einen herrlichen Panoramablick, der bis hin zum Mont Ventoux und den Alpillen reicht. Garde-Adhémar eröffnet ebenfalls einen sehr reizvollen Blick, wenn man seinen hohen Felsen erklimmt, auf dem sich eine hübsche romanische Kirche mit durchbrochenem Glockenturm erhebt. Die gepflasterten Straßen führen zu den Überresten eines Renaissance-Schlosses, und in einem botanischen Garten werden die aromatischen Gewächse der Region präsentiert. Saint-Paul-Trois-Châteaux, ein Dorf mit schattigen Gassen, hat dem Schatz von Tricastin, den Trüffeln, ein Museum gewidmet. Der Süden des Departements Drôme bietet eine andere gastronomische Spezialität: die Olive, die seit mehr als fünftausend Jahren in der Region angebaut wird. Etwa sechzig Kommunen zwischen Nyons und Buis-les-Baronnies widmen sich heute ganz der Verarbeitung des Olivenöls. In Nyons wird im Februar ein großes Fest anlässlich des Abschlusses der Olivenölproduktion gefeiert.

Die Ardèche liegt innerhalb des einstigen Gebietes um die Hauptstadt Viviers, in der schöne Gebäude aus dem 16. und dem 17. Jahrhundert erhalten sind. Die nördlich von Valence liegenden Überreste des Schlosses von Crussol befinden sich auf einem steinigen Felsvorsprung, der dem Wanderer einen herrlichen Blick auf die Umgebung bietet. Antraigues befindet sich nördlich von Privas, der einst großen protestantischen Bastion, und wurde in beachtlicher Höhe erbaut, ebenso wie das weiter südlich gelegene Balazuc, das die Ardèche überragt und dessen Häuser sich um das Schloss und die romanische Kirche reihen. Die Schluchten der Ardèche gehören heute zu den meistbesuchten Sehenswürdigkeiten der Region. Der Fluss, der zwischen den tiefen Schluchten in Kurven da-

Le Poët-Laval

Le Poët-Laval, das schon immer zum Drôme-Gebiet gehörte, hat aus seiner Vergangenheit als befestigte, mittelalterliche Stadt sein eher schmuckloses Aussehen behalten. In dem Ort befinden sich Überreste eines einstigen Sitzes des Malteserordens. Die benachbarten kleinen Gassen, die eng gebaut sind, um gegen den Mistral zu bestehen, wurden unter gewölbten, mit Medaillons und Simsen verzierten Durchgängen angelegt. Im letzten Jahrhundert waren sie völlig verlassen. Das heute unter Denkmalschutz stehende Dorf nahe Montélimar ist dank seiner Kunsthandwerker wieder aufgelebt.

hinfließt, wird zuweilen zum reißenden Strom. Seine steinigen Ufer, die von den Straßen über den Steilhängen oder – für die Kühneren – vom Kajak aus zu entdecken sind, bieten charmante Orte zur Rast, wie etwa Vogüé nahe Aubenas. Etwas weiter östlich befindet sich Alba-la-Romaine. Die Überreste der gallo-romanischen Thermen, des Theaters und des Forums aus augustinischer Zeit wurden freigelegt. Eine neue befestigte Stadt, von der viele Gassen und gewölbte Durchgänge erhalten geblieben sind, wurde im Mittelalter errichtet. Das Dorf Saint-Montan mit Zitadelle und einer Festung erhebt sich über den Schluchten der Sainte-Baume inmitten einer herrlichen Landschaft.

Aquitanien

Aquitanien wird oft mit der Region seiner Hauptstadt Bordeaux oder mit dem einstigen Gebiet Guyenne gleichgesetzt, das Mitte des 13. bis Mitte des 15. Jahrhunderts im Besitz der Engländer war. Aquitanien umfasst heute fünf Departements, die über ihre gemeinsame Geschichte hinaus sehr markante, spezifische Besonderheiten aufweisen. Die Dordogne bietet den gesamten Charme des Périgord: kleine, von Flüssen durchkreuzte Täler, die von Schlössern bewacht werden, Dörfer mit Häusern aus goldfarbenem Stein, die mit hohen Dächern aus braunen Dachziegeln bedeckt sind, sowie die Trüffel, die Leberpasteten und das Confit, die dort seit Generationen hergestellt werden. Im Departement Lot-et-Garonne, das mit Obstbäumen, vorwiegend Pflaumenbäumen, übersät ist, werden auch Tabak, Getreide und Frühobst angebaut, Produkte, die man auf den Märkten von Agen, Marmande oder Villeneuve-sur-Lot wiederfindet. Im Norden dehnen sich die lange Sandbank und die Dünen am Rande der Pinienwälder aus, bevor sich im Süden zerklüftete Hügel erheben. In der Gironde erstrecken sich die mit Landgütern übersäten Weinberge, in denen die hervorragendsten Weine produziert werden. Das Departement Pyrénées-Atlantiques erstreckt sich zwischen dem Béarn und dem Baskenland, zwischen Tälern und eingeschneiten Gipfeln.

Das Gebiet Périgord selbst ist ein Mosaik aus Landschaften. Der von der Dronne, der Auvére und einer Vielzahl von Bächen durchzogene grüne Périgord im Norden ist das Land des Baumes und des Wassers. In der Umgebung von Périgueux wechseln sich im weißen Périgord Kalkplateaus und mit Weiden bedeckte Täler ab. Im von Dordogne und Vézère durchzogenen schwarzen Périgord im Osten, in der Umgebung von Sarlat, stößt man auf mehrere Reliefs. Die direkte Umgebung von Bergerac, einem Weinbaugebiet, wurde roter Périgord getauft. Wie alle Gebiete des Südwestens, die Schauplätze von Kämpfen zwischen Franzosen und Engländern waren, hat auch die Dordogne ihre Bastionen. Die älteste unter ihnen, Villefranche-du-Périgord, wurde 1250 von den Franzosen errichtet. Die Befestigungsmauern sind verschwunden; auf dem von Arkaden umgebenen Platz sind jedoch schöne, von einem imposanten Balkenwerk aus Holz gekrönte Markthallen erhalten geblieben. Zwischen den solide gebauten Häusern, die den Platz umgeben, sieht man noch *andrones*, Flächen, die angelegt wurden, um die Ausbreitung von Feuer zu vermeiden. Die jüngste unter ihnen, Saint-Barthélemy, wurde 1316 von den Engländern erbaut.

Die Engländer errichteten auch Saint-Aulaye an der Grenze zur Saintonge, Vergt und Beauregard im Süden von Perigueux, und schließlich im Osten von Bergerac Lalinde, das die Dordogne und Molières säumt und von dem mächtigen, quadratischen Turm seiner Kirche überragt wird. Unter den französischen Bastionen behielt Monpazier seinen geschützten Platz im Kern der vollkommen rechteckig angelegten Altstadt. Im 16. Jahrhundert stellte dieser Ort eine Hochburg der Revolte der *Croquants* dar, ein Bauernaufstand, der die Gebiete des Limousin, des Périgord und des Quercy betraf. Die Croquants ließen auch in Domme von sich hören. Diese Bastion, die die Dordogne überragt und von Feldern und Wäldern umgeben ist, wurde zur Anpassung an das Plateau, auf dem sie steht, nach einem dreieckigen Plan erbaut.

Die Bastionen sind jedoch nicht die einzigen Schmuckstücke der Dordogne. Saint-Jean-de-Côle in der Nähe des Schlosses von Puyguilhem spiegelt sich im Wasser seines Flusses als zauberhaftes Gesamtbild wider: Fachwerkhäuser, eine alte Brücke mit hoher Wölbung und eine Markthalle, die von einer sonderbaren romanisch-byzantinischen Kirche gesäumt wird. Etwas weiter südlich befindet sich Brantôme, das sich in eine Schleife der Dronne schmiegt. Die angeblich von ***Karl dem Großen*** im 8. Jahrhundert gegründete Abtei wurde seitdem von Grund auf neu gestaltet. Ihr freistehender Glockenturm aus dem 11. Jahrhundert gilt als einer der ältesten Frankreichs. Bourdeilles liegt immer noch an der Dronne am Fuße des Schlosses, das ***Pierre de Bourdeille*** gehörte, einem Memoirenschreiber des 16. Jahrhunderts, der eher unter dem Namen ***Brantôme*** bekannt ist. Saint-Léon-sur-Vézère drängt sich um den Bergfried des alten Schlosses. Das Tal der Vézère, an deren Ufern zahlreiche Schlösser und Dörfer liegen, birgt einige der größten prähistorischen Stätten. Die Prunkstücke unter ihnen sind die Grotten von Lascaux in der Nähe des Dorfes Montignac sowie die Grotten von Les Eyzies-de-Tayac oder Bara-Bahau. In der Höhle von Proumeyssac befinden sich prachtvolle Ornamente.

Beynac

Im Périgord war das Tal der Dordogne ein Grenzgebiet zwischen den englischen und französischen Einflüssen zur Zeit des Mittelalters. Die hohe Steilküste, die den heute so friedlichen Fluss überragt, ist daher übersät mit Festungen wie dem Schloss von Beynac. Die Herren von Beynac, die der französischen Seite zugetan waren, widersetzten sich während des gesamten Mittelalters den Cazenacs, den Herren von Castelnaud, die auf der Seite der Engländer standen und deren Spuren sich am gegenüber liegenden Ufer erheben. Das Dorf, das sich zwischen Fels und Wasser schmiegt, trägt die schöne Ockerfarbe der hiesigen Steine.

Der mit Zinnen versehene Bergfried des Schlosses von Beynac überragt die Dordogne von einem Felsvorsprung aus, an den sich das Dorf anlehnt. Die Häuser von La Roque-Gageac erstrecken sich entlang der Dordogne, während das Schloss auf der bewaldeten, das Dorf überragenden Steilküste liegt. Im nahe gelegenen Schloss von Fénelon verbrachte der Mann seine Kindheit, der sich später den Zorn von ***Bossuet*** und ***Ludwig XIV.*** zuzog, und zwar durch seine Zustimmung zum Quietismus und zur Freiheit des Geistes, die er in seiner Rolle als Hofmeister des Herzogs von Burgund zum Ausdruck brachte. Die weißen Türme des Schlosses von Monbazillac erheben sich im Zentrum des Weinbergs, aus dessen Trauben ein berühmter Likörwein hergestellt wird. Bergerac liegt hier ganz in der Nähe.

Das Agenais wurde ebenfalls mit Bastionen versehen, die manchmal nicht mehr das Aussehen einer Verteidigungsanlage besitzen, wie Tournon-d'Agenais oder Durance. Die Befestigungsmauern von Puymirol, die der Graf von Toulouse, ***Raymond VII.***, bauen ließ, wurden unter ***Ludwig XIII.*** dem Erdboden gleichgemacht. Ein Großteil der Ringmauer von Vianne blieb dagegen erhalten. Monflanquin, eine der zahlreichen, von ***Alphonse de Poitiers*** errichteten Bastionen, sowie Villeréal oder Lavardac krönen einen Hügel. Im Gebiet Armagnac wurde das hübsche Dorf Pouderas, das die Gélise in Kaskaden durchfließt, im Mittelalter mit einer Festung versehen. Sie wurde in der Rennaissance neu gestaltet und ist heute von einem Park mit seltenen Gewächsen umgeben, die neben den alten Gebäuden und der Mühle am Ufer des Flusses ihren Charme versprühen.

Die Landes, in denen im 19. Jahrhundert Pinien gepflanzt wurden, um dem Vorrücken der Dünen am Rande des Atlantik entgegenzuwirken, bieten lange Strände, deren Wellen Liebhaber des Nervenkitzels anziehen. Seebäder und Teiche sind an der Küste zwischen Mimizan, Hossegor und Capbreton zu finden. Die Tradition der Kuhrennen in den Landes besteht in Mont-de-Marsan sowie im Thermalbad Dax fort, das seit der gallo-romanischen Epoche geschätzt wird. In Villeneuve-de-Marsan, der Hauptstadt der Region Armagnac, in der der berühmte Branntwein hergestellt wird, steht noch immer neben der befestigten Kirche ein Turm mit Schießscharten. In Saint-Justin erinnern ein überdachter Platz, ein Verteidigungsturm und eine Kirche, die eine Straße mit Pflastersteinen säumen, an das mittelalterliche Dorf, hier und da geschmückt durch Fenster mit steinernen Fensterkreuzen.

Molières

Diese Ansicht des Dorfes aus dem Périgord lässt nichts von seiner bewegten Geschichte erahnen. Der Ort gehörte zu der mächtigen Abtei von Cadouin, bis man dort im 13. Jahrhundert eine Bastion erbaute. Die Bevölkerung wuchs jedoch kaum an, sondern schrumpfte durch den Hundertjährigen Krieg und die anschließenden Religionskriege, die dort wüteten. Inmitten einer Landschaft von Grün und goldfarbenen Steinen zeigt Molières heute das Bild eines friedlichen Ortes, der unter dem besonders imposanten, quadratischen Glockenturm der Kirche liegt.

»Die Garonne fließt durch das alte Toulouse sowie durch das alte romanische und gotische Languedoc und entfaltet sich, während sie immer breiter wird, wie ein Meer gegenüber dem Meer, gegenüber Bordeaux«, schrieb ***Michelet***. Die tiefe Mündung der Gironde setzt das Médoc unter Wasser. Das Gebiet Entre-Deux-Mers zwischen Garonne und Dordogne, die Gegend um Sauternes, die dieses Gebiet im Süden verlängert, und die Region von Saint-Emilion im Norden erinnern an Orte, von denen die einen bekannter sind als die anderen. Saint-Emilion ist ebenfalls

eine reizende Stadt, die sich inmitten von Befestigungsmauern um den Marktplatz entfaltet. Dort wurde wahrscheinlich schon vor unserer Zeitrechnung Wein angebaut. Eine der wenigen unterirdischen Kirchen in Frankreich, das Château-du-Roi, eine Stiftskirche und einige Klöster verstärken noch den Charme der alten Straßen. Das Médoc ist mit glanzvollen Landgütern gespickt, die aus den Weinbergen auftauchen, von denen einige ihre Tore für Besucher öffnen: Château-Lafite, Château-Mouton-Rothschild, Château-Beychevelle, Château-Margeaux ...

Das Dorf von Sauveterre-de-Guyenne im Entre-Deux-Mers führt den Spaziergänger zurück zur Straße der Bastionen. Der Export der Weine aus Bordeaux war schon immer der wirtschaftliche Antriebsmotor der Region. Der Vorplatz der Quinconces oder die schönen Gebäude am Platz der Börse erinnern daran, dass die Händler der Stadt auch einen Teil ihres Vermögens dem Handel mit den Antillen im 18. Jahrhundert verdankten. In der Bucht von Arcachon sowie in Andernos, Gujan-Mestras oder Cap-Ferret wird seit Jahrhunderten Austernzucht betrieben.

Das Gebiet um Bordeaux, ein Gastronomie- und Weingebiet, ist ebenfalls eine Gegend der Schöngeister. ***Montaigne*** wurde einige Kilometer von Saint-Emilion entfernt geboren und studierte in Bordeaux. Er zog sich gegen Ende seines Lebens für ungefähr zehn Jahre auf sein Gut von Montaigne zurück, um Essays zu schreiben. ***Montesquieu***, der Autor der *Persischen Briefe* und *Über den Geist der Gesetze*, erblickte im Schloss von La Brède, südlich von Bordeaux, das Licht der Welt. Bordeaux war auch die Wiege des Schriftstellers ***François Mauriac***.

Im Süden des Adour beginnt das Departement Pyrénées-Atlantiques. Die Landschaften von Bayonne bis nach Pau, von Bidache bis zum Gebirgspass von Somport oder zum Gebirgspass von Pourtalet bieten eine Gegend mit ganz unterschiedlichen Facetten. Das »Euskadi«, das Baskenland, besteht bei der Übersetzung seines Namens auf seine Identität als vereintes Land. Es lässt die Grenze der Pyrenäen unbeachtet und bedeckt drei Gebiete in Frankreich (Labourd, Basse-Navarre und Soule) sowie vier in Spanien (Biscaya, Guipuzcoa, Alava und Navarra).

Das Baskenland wurde durch die Wechselfälle der Geschichte zwischen zwei Königreichen aufgeteilt und hat sich das Motto »Vier und drei macht eins« bewahrt. Die Sprache, deren Ursprung den Linguisten ein Rästel aufgibt, ist auf beiden Seiten der Grenze dieselbe geblieben. Ebenso leben die Traditionen des Pelota-Spieles, der Tänze, wie z. B. des Fandango, oder die Bedeutung der *etche*, des Familienhauses, das mit viel Sorgfalt gepflegt wird, weiter. Die Farben der Baskenlandes, Grün und Rot-Braun, zieren die Balken der meisten Häuser.

Man findet diese Farben in Bayonne, der Hauptstadt des Labourd, wieder. Sie schmücken die Fassaden der hohen und engen Häuser, die die Ufer der Nive säumen. In Saint-Jean-de-Luz fand im Jahre 1660, wie im Vertrag der Pyrenäen vorgesehen, die Hochzeit von ***Ludwig XIV.*** und der Infantin von Spanien statt. Im Hafen, der sich im Schutze einer tiefen Reede befindet, hat man sich im Laufe der Jahrhunderte dem Fang sämtlicher Fischarten gewidmet; hier gab es immer Wal-, Stockfisch-, Sardinen- und Thunfischfänger. Ciboure, der »Kopf der Brücke«, liegt gegenüber von Saint-Jean-de-Luz am anderen Ufer der Nive. Es ist die Geburtsstadt ***Maurice Ravels***. Von der Schönheit der Stadt, die einst vom Fort Socoa aus verteidigt wurde, waren viele Maler und Künstler verzaubert, wie beispielsweise ***Pierre Benoit***, der hier die letzten Jahre seines Lebens verbrachte. Die Stadt Hendaye liegt an den Ufern des Bidassoa, der die Grenze zwischen Spanien und Frankreich bildet. Im Fluss befindet sich die Fasaneninsel, die kleinste, von zwei Ländern gemeinsam regierte Insel der Welt. Auf dem Festland stößt man auf Espelette, die Hauptstadt des Paprika-Anbaus. Aïnhoa, das sich nahe des Grenzübergangs von Dancharia befindet, wurde von Mitgliedern des Prémontré-Ordens als Zwischenstation auf dem Weg nach Santiago de Compostela gegründet.

La Bastide-Clairence befindet sich im Tal der Joyeuse und zeigt die gleichen weißen Häuser mit grün-rotem Fachwerk. Die Hauptstadt des Gebietes Basse-Navarre, Saint-Jean-Pied-de-Port, war einst der Sitz der Adelsfamilie ***Albret***. Die Häuser der Stadt spiegeln sich im Wasser der Nive. Manche von ihnen, wie die Festungskirche Notre-Dame, zeichnen sich durch ihre roten Sandsteinfassaden aus. In der Nähe der Weinberge von Irouléguy befindet sich Saint-Etienne-de-Baïgorry. Vor dem herrlichen Hintergrund der Pyrenäen erhebt sich die Stadt aus dem Tal der Aldudes. Nach den Ziegeldächern stößt man im Gebiet Soule auf mit Schieferplatten bedeckte Häuserdächer. In der bergigen Landschaft von Soule befinden sich so beeindruckende Schluchten wie die von Kakouetta und Holçarté. Die Hauptstadt Mauléon befindet sich im Schatten des sie überragenden Schlosses. Auch das von Weideland umgebene Larrau, Sainte-Engrâce und seine hübsche romanische Kirche oder Arette-Pierre-Saint-Martin und seine Skipisten bieten prachtvolle Landschaften. Auch von Pau aus, Hauptstadt des Béarn und Geburtsstadt ***Heinrichs IV.***, hat man einen herrlichen Blick über die Berge, von denen sich der Gipfel des Midi d'Ossau abhebt.

Labastide-d'Armagnac

Der rechteckige Platz der Labastide-d'Armagnac ist von Häusern gesäumt, die mit hübschen Paneelen ausgestattet sind, und soll den Architekten der Place des Vosges in Paris als Vorlage gedient haben. Einige Fachwerkhäuser sind noch immer erhalten. Von allen aus den französisch-englischen Kriegen im 13. und 14. Jahrhundert herrührenden Bastionen ist die von Mont-de-Marsan eine derjenigen, die am besten erhalten sind. Sie wurde um die imposante, befestigte Kirche herum erbaut.

Folgende Seiten

Aïnhoa

Aïnhoa, die »Gute Quelle«, ist ein typisches Straßendorf. Einst war es eine Zwischenstation auf dem Weg nach Santiago de Compostela und Handelshochburg zwischen Bayonne und Pamplona. An den mit Kalk geweißten Häusern befinden sich grün- oder rotbemalte Holzbalken; dies sind die Farben der baskischen Flagge. Die in der Provinz Labourd üblichen asymmetrischen Dächer schützen die Häuserfassaden vor Regen und dem starken Westwind. Auf dem an die Kirche grenzenden Friedhof findet man Steinplatten, die ganz im Stil der scheibenförmigen, für das Baskenland typischen Stelen gehalten sind.

Midi-Pyrénées

Die Region Midi-Pyrénées umfasst von Norden nach Süden acht Departements mit sehr unterschiedlichen Landschaften. Sie erstreckt sich vom Lot-Plateau über die dynamische Hauptstadt Toulouse bis zu den Pyrenäen, die ***Michelet*** als den »gewaltigen Schutzwall Spaniens« beschreibt.

Die Dörfer aus dem goldfarbenen Stein des Lot-Tals und die abgelegenen Landsitze mit ihren quadratischen Türmen und Taubenhäusern sind von Wäldern, Weinbergen und Feldern umgeben. Viele Häuser haben hohe Dächer mit braunen Dachziegeln und sind mit den für die Region typischen Dachfenstern verziert, wie beispielsweise in Carennac, einem sehr schönen, unter Denkmalschutz stehenden Dorf. In Autoire, das weiter südlich hinter dem Abgrund von Padirac liegt, findet man eine Mischung aus Fachwerkhäusern und großen Bauwerken in einem waldbedeckten Talkessel. Nahe der Grotte von Presque, einer Tropfsteinhöhle, liegt der Ort Saint-Céré, in dessen Zentrum sich die von alten Häusern umgebene Place du Mercadial befindet, die ihre besondere Note beibehalten hat.

Östlich von Gramat liegt Rocamadour, das mit seiner Basilika und seinen Kapellen den Gesetzen der Schwerkraft zu trotzen scheint. Gegen die steilen Abhänge der Schluchten von Alzou gebaut, erstreckt sich die Stadt stufenweise in einem ergreifenden Anblick bis zum Gipfel hinauf. Schon im 12. Jahrhundert war diese Stätte ein bedeutender Wallfahrtsort, als man dort den wie durch ein Wunder erhaltenen Körper eines Einsiedlers, des ***Heiligen Amadour***, entdeckte. Heute befindet sich an dieser Stelle die Kapelle Notre-Dame, die zu einer bekannten Kultstätte wurde. Könige, Heilige oder anonyme Pilger kamen dorthin, um die schwarze Jungfrau der Basilika Saint-Sauveur zu verehren. Während des Kreuzzuges gegen die Albigenser mussten die Ketzer, die man bekehren wollte, auf Knien die zweihundertsechzehn Stufen hoch kriechen, die das Dorf mit der heiligen Stätte verbanden. Rocamadour, das während des Hundertjährigen Krieges und der darauffolgenden Religionskriege verwüstet wurde, blieb lange Zeit verlassen, bis die Bischöfe von Cahors im 19. Jahrhundert die Restauration des Dorfes vornahmen. Heute gehört dieser Ort zu den meistbesuchten Stätten der Region.

In Lacapelle-Marival, das von einem massiven Schloss überragt wird, ist ein schönes, mittelalterliches Viertel erhalten geblieben. Die Häuser von Espagnac-Sainte-Eulalie im Célé-Tal sind in einem malerischen Ensemble um eine Kirche mit einem eigentümlichen Glockenturm angeordnet, der aus Holz und Backsteinen besteht und mit einem achteckigen Dach bedeckt ist.

Die Ufer des Flusses Lot sind mit Dörfern übersät, die in jeder Gasse sehenswerte Besonderheiten bieten, wie beispielsweise Brunnen, Waschplätze, Taubenschläge oder Backhäuser. In der Nähe von Fumel führt eine Straße quer durch den Wald bis nach Bonaguil, einem kleinen Weiler mit einer Burg. Die Festung entstand in einer Epoche, in der nur noch Zierschlösser gebaut wurden; ihr Bergfried in Form eines Schiffes liegt fernab der großen Straßen, und sie musste sich niemals auch nur gegen den geringsten Angriff verteidigen.

Die Festung von Saint-Cirq-Lapopie dagegen wurde oft umkämpft. Sie hat ***Richard Löwenherz*** standgehalten, wurde jedoch von ***Ludwig XI.*** 300 Jahre später niedergerissen, bevor sie von den Hugenotten eingenommen werden konnte. Seit dem Mittelalter stellten die Handwerker und Drechsler, die im Schutze der Festung lebten, den größten Teil der Bevölkerung dar. Seit einigen Jahren tragen deren Nachfolger zusammen mit Künstlern in großem Umfang zur Restauration der Häuser mit den vorspringenden Stockwerken bei, die mit blumengeschmückten Balkonen verziert und von kleinen, an die gepflasterten Gassen angrenzenden Gärten umgeben sind.

In der Region Rouergue setzt der Fluss Lot seinen Lauf durch das mit Dörfern geschmückte Departement Aveyron fort, das atemberaubende Schluchten überragt. Der Ort Conques liegt oberhalb des Flusses Ouche, der etwas weiter mit der Dourdou zusammenfließt. In der Umgebung der prunkvollen Kirche Sainte-Foy, dem Rest einer Benediktinerabtei, die im Mittelalter großen Einfluss hatte, schließt sich ein Gewirr von steilen Straßen an, die von ockerfarbenen Häusern aus Granit und Schiefer gesäumt werden und die kleine Plätze miteinander verbinden. Etwas weiter im Osten, in Entraygues-sur-Tryère oder in Estaing, wo eine gotische Brücke über die Lot führt, sind ebenfalls alte, bezaubernde Häuser erhalten.

Saint-Cirq-Lapopie

In der »Perle von Quercy« sind die Häuser an einem steilen Felsen gebaut, der das Lot-Tal überragt. Aufgrund seiner strategischen Lage kam es während des Hundertjährigen Krieges und der Religionskriege zu zahlreichen Angriffen. Die Kunstschätze sind jedoch erhalten geblieben und spiegeln 500 Jahre Geschichte wider. Unterhalb der massiven Kirche säumen heute Häuser mit vorragenden Stockwerken und blumengeschmückten Balkonen die ruhigen, gepflasterten Gassen, die jeden Sommer von zahllosen Besuchern gefüllt sind. Töpfer, Weber und Maler lassen dieses Dorf wieder aufleben, in dem heute noch Namen an Handwerker erinnern, die es einst lebendig gestalteten, wie beispielsweise die Rue Pelissaria, die Straße der Rauchwarenhändler, oder die Rue Peyroleria, die Straße der Kesselschmiede.

Carennac

Carennac im Dordogne-Tal wurde im 5. Jahrhundert mit einem Priorat ausgestattet, in dem der Schriftsteller Fénelon etwa 15 Jahre lang lebte. Carennac, das in das Verzeichnis der schönsten Dörfer Frankreichs aufgenommen wurde, hatte Fénelon bereits verzaubert. Er schrieb: »Dieser glückliche Fleck Erde gefällt mir, und der Anblick erfreut meine Augen.«

Folgende Seiten

Conques

Der das Ouche-Tal überragende Ort Conques verdankt die Größe und Schönheit der Kirche Sainte-Foy einer Benediktinerabtei, die im Mittelalter als eine Hochburg des Glaubens galt. Die Kirche mit den drei Glockentürmen, die in reinem romanischem Stil erbaut wurde, erscheint in diesem kleinen von Wald umgebenen Dorf heute etwas fehl am Platz, aber in Sainte-Foy wurden früher Pilger aufgenommen, die auf dem Weg nach Santiago de Compostela waren. In der Kirche wird einer der schönsten Schätze der Goldschmiedekunst aufbewahrt. Das Juwel dieses Schatzes ist ein Reliquiar in Form einer mit Gold überbezogenen und mit Edelsteinen besetzten Holzstatue, die als »Majestät von Sainte-Foy« bezeichnet wird. Die Häuser von Conques, die aus Granit oder Schiefer bestehen, manchmal aber auch Fachwerkhäuser oder mit einem ockerfarbenen Mörtel verputzte Häuser mit hohen Dächern, deren Kanten sich leicht nach oben biegen, haben den Charme einer mittelalterlichen Stadt bewahrt.

In den Fassaden von Estaing zeigt sich rund um ein Renaissance-Schloss ein Zusammenspiel aus Schiefer, Sandstein und Kieselsteinen. An der Grenze der Departements Aveyron und Lozère wird Saint-Côme-d'Olt, ein schönes, befestigtes Dorf, von dem gewundenen Glockenturm seiner Kirche überragt. In Sainte-Eulalie-d'Olt, das sich in der Nähe befindet, lebten Tuchmacher und Gerber. Beide Orte verdanken ihren Charme und ihren Namen dem Fluss Lot, der früher »Olt« hieß.

Im Süden von Villefranche-de-Rouergue erhebt sich Najac auf einem Felsvorsprung, der den Fluss Aveyron überragt. Die Ruinen des Schlosses und die gotische Kirche des Ortes sind von der Erinnerung an Kämpfe zwischen Katholiken und Katharern und an französisch-englische Rivalitäten erfüllt. Trotz dieser Kämpfe sind viele Häuser aus dem 16. Jahrhundert in Najac erhalten geblieben. Weiter östlich wurde im 12. Jahrhundert ein Teil des Larzac-Plateaus zuerst dem Templerorden und anschließend den Malteserrittern überlassen. Sie errichteten dort ein befestigtes Dorf mit dem Namen La Couvertoirade. Die gewaltigen Stadtmauern umschließen Häuser, die mit flachen Steinen oder Dachziegeln bedeckt sind und im Kalkstein dieser kargen Region errichtet wurden.

Albi, die Hauptstadt des Departement Tarn, in der sich die Ziegelstein-Kathedrale Sainte-Cécile und der Palast von Berbie erheben, war im 13. Jahrhundert Schauplatz blutiger Schlachten zwischen Katholiken und Katharern. Zu Beginn des 13. Jahrhunderts erhob der französische König die Waffen gegen seinen mächtigen Vasallen ***Raimund VII.*** Der Graf von Toulouse wurde beschuldigt, die katharische Doktrin, die auf seinem Gebiet verbreitet wurde, gutzuheißen. Im Jahre 1209 wurde ***Simon de Montfort*** mit dem Kreuzzug gegen die Katharer beauftragt, der die Region seinen plündernden und massakrierenden Söldnern auslieferte, bis er im Jahre 1213 die Truppen von ***Raimund VII.*** in Muret vernichtete. ***Montfort*** ernannte sich selbst zum Grafen von Toulouse, bevor er 1218 ermordet wurde. ***Raimund VII.*** nahm den Titel erneut an und beschloss, eine neue Befestigungsanlage zu errichten. Sie erhielt den Namen Cordes und wurde auf dem Hügel von Mondagne, einige Kilometer nördlich von Albi, errichtet. Nachdem die Stadt später als Jagdsitz der Herren des Languedoc fungierte, wurde sie während der Renaissance ein Ort, an dem der Handel gedieh. Entlang der Hauptstraße erheben sich elegante Wohnsitze, daneben die Ziegelstein- und Strohlehmhäuser, die die krummen und steilen Gassen des Dorfes säumen.

Rosafarbene Fassaden, Fenster mit Spitzbögen und kleinen Säulen sowie Galerien in den oberen Stockwerken der Häuser umgeben die »Stadt der hundert Spitzbögen« mit italienischem Flair. Im Herzen der Stadt erinnert die alte Markthalle an den regen Betrieb der damaligen Märkte, auf denen Leder und Stoffe, die vor Ort verarbeitet wurden, sowie Waid und Safran, Erzeugnisse der Region, verkauft wurden. Dann wurde es jahrelang ruhig um Cordes. Im 20. Jahrhundert weckte der Maler ***Yves Brayer*** die

Stadt aus dem Dornröschenschlaf. Es folgten zahlreiche Handwerker und Künstler, die eine rege Geschäftigkeit in das Dorf brachten, das eigentlich Cordes-sur-Ciel heißt. Das südlich von Albi liegende Lautrec galt schon immer als Handelsstadt. Hiervon zeugt der Platz der Markthallen, der von Häusern mit vorspringenden Stockwerken auf Holzpfeilern umgeben ist. Von der alten Festung, die das Flachland von Castres überragte, ist nur ein Tor der im Mittelalter errichteten Befestigungsanlagen erhalten.

Gaillac befindet sich oberhalb des Tarn, im Herzen der Weinberge, wo viele verschiedene Weine angebaut werden. Etwas nördlicher erweckt Puycelci den Anschein, als wäre es auf dem Wald von Grésigne erbaut worden. Die auf einem Plateau errichtete Festung erhebt sich aus den Bäumen innerhalb von Schutzmauern, die die Häuser aus dem 15. und 16. Jahrhundert umgeben. Penne, eine weitere, mittelalterliche Festung, überragt den Fluss Aveyron von einem felsigen Berggipfel aus.

Im nahe gelegenen Departement Tarn-et-Garonne wurden die alten Häuser von Bruniquel dicht aneinander um das Schloss errichtet, das laut Legende von ***Brunehilde***, Tochter eines westgotischen Königs und spätere Königin von Aurasien, erbaut worden ist. Saint-Anonin-Noble-Val besteht aus einer Mischung von Häusern, die aus den Epochen zwischen dem Mittelalter und dem 18. Jahrhundert stammen. Die gleichen engen Straßen gibt es in Caylus. In Montauban, der Geburtsstadt des Zeichners ***Ingres***, wurde diesem ein Museum in einem alten Bischofspalast gewidmet, der aus dem Backstein besteht, der diesem Teil des Südostens seine warme Farbe verleiht. Im Jahre 1570 wurde die Befestigungsanlage zum Zufluchtsort für Protestanten erklärt. In der Umgebung gibt es weitere Befestigungsanlagen, wie beispielsweise Puylaroque, das sich auf einem Hügel befindet, Montpezat-de-Quercy mit seinem wunderschönen, geschützten Platz, Lauzerte, das auf einem Vorsprung erbaut wurde, Auvillar mit seinem Hafen an der Garonne oder Caussade, das zu einem großen Zentrum der Hutmacherbetriebe geworden ist.

In Moissac, das von Hügeln umgeben ist, auf denen der »Gutedel« reift, findet man eine der Hochburgen romanischer Kunst in Frankreich. Die Abtei von Moissac, die im 11. Jahrhundert in die Obhut Clunys gegeben wurde, erfuhr von diesem Zeitpunkt an eine beachtliche Verbreitung im gesamten Südwesten. Die Kirche Saint-Pierre zeugt von der Bedeutung dieser Abtei. Das südliche Portal ist ein Meisterwerk der romanischen Kunst, wie auch das benachbarte Kloster mit seinen harmonischen Proportionen.

In Armagnac wurden im 13. Jahrhundert bis Mitte des 14. Jahrhunderts immer mehr Festungen gebaut. Dies geschah aus wirtschaftlichen und politischen Gründen, insbesondere jedoch aufgrund der französisch-englischen Rivalitäten, die durch die Eheschließung der ***Eleonore von Aquitanien*** mit ***Heinrich II.*** von England entstanden waren. So errichteten die beiden Lager zwischen Mont-de-Marsan, das auf dem Gebiet Aquitaniens liegt, und Auch, der Hauptstadt des Gers, befestigte Städte an den Straßen, die von Toulouse zur Provinz Guyenne führen.

Im Osten erhebt sich die englische Festung Saint-Clar l'Anglaise zwischen den von Franzosen geschaffenen Festungen Miradoux, Fleurance und Montfort. Im Norden errichteten die Engländer das exakt kreisförmige Fourcès, das gegenüber von Montréal liegt. Im Westen, in Richtung Guyenne liegen die Fronten der englischen Festungen Mauvezin, Labastide-d'Armagnac, Saint-Gein, Monguilhem und Lias sowie die französischen Festungen Saint-Justin, Monclar, Villeneuve-de-Marsan, Rondebœuf und Maguestau dicht nebeneinander.

Im Süden findet man weiter auseinander liegende Festungen, die von Franzosen geschaffen wurden: Plaisance, Bassoues, Marciac, Miélan, Mirande, Pavie, Aujan, Villefranche, Cologne. All diese Dörfer sind von einer Schutzmauer umgeben und haben ihr mittelalterliches Aussehen bewahrt. Rund um die schönen überdachten Marktplätze, die Menschen und Waren einst vor Wind und Wetter schützten, schmücken sich die Gassen mit prächtigen Fachwerkhäusern und mit schützenden Kirchen.

Im Departement Hautes-Pyrénées findet man Bergspitzen, Gebirgspässe, Sturzbäche und Seen; diese ursprüngliche Natur zeigt sich etwa im Naturschutzgebiet Néouvielle. Der Cirque de Gavarnie nahe der spanischen Grenze ist einer jener überwältigenden Orte, die viele Künstler inspiriert haben. »Das Schönste, was ich jemals sah«, schrieb ***Flaubert***. Lourdes ist ein weltbekannter Pilgerort. Doch in dieser Region befinden sich auch kleine Thermalbäder und Dörfer, die man entdecken sollte.

In Argelès-Gazost sind unter den Chalets mit den hohen Dächern das Casino und hübsche Wohnanlagen erhalten geblieben, die man im 19. Jahrhundert für die Kurgäste errichtete. Im nahe gelegenen Saint-Savin steht eine bemerkenswerte romanische Kirche; von einer Terrasse nahe des Dorfplatzes hat man einen herrlichen Ausblick. Cauterets mit seinen heilenden Thermalquellen liegt in einer prächtigen Landschaft, die von Gebirgsbächen, Bergwegen und im Winter von Skipisten umgeben ist.

Cordes

Im 13. Jahrhundert übertrug Philipp II. August dem Simon de Montfort die Aufgabe, die katharische Doktrin zu unterdrücken. Diese wurde von der katholischen Kirche als ketzerisch angesehen und in den Gebieten des Grafen von Toulouse verbreitet. Angesichts der Plünderungen und den von den Söldnern Montforts verübten Massakern beschloss Raimund VII., eine neue Festung zum Schutze seiner Untertanen zu bauen; einige Kilometer nördlich von Albi errichtete er Cordes. In der Renaissance gewann diese Stadt an Wohlstand und schmückte sich mit eleganten Bauwerken, die ihre Schönheit ausmachen. Nachdem der Ort für lange Zeit verlassen war, sind heute Handwerker, Spitzenklöpplerinnen, Stickerinnen, Maler und Bildhauer zurückgekehrt und haben die hübschen verschlungenen und steilen Straßen wieder mit Leben erfüllt.

Die Städte Luz und Saint-Sauveur, ein Thermalbad, das durch die Aufenthalte der französischen Kaiserin ***Eugenie*** im 19. Jahrhundert bekannt wurde, und Barèges bieten dem Verweilenden den gleichen Ausblick und die gleichen Freizeitaktivitäten. Das Skigebiet von Barèges ist mit dem von La Mongie, der großen Skistation der Pyrenäen, verbunden. Weiter im Osten befinden sich die Chalets von Saint-Lary, die das Aure-Tal durchsetzen. Arreau ist die ehemalige Hauptstadt des »Landes der Vier Täler« (Aure, Barousse, Neste und Magnoac). Kleine Gebirgsbäche fließen entlang seiner mit Erkern verzierten Fachwerkhäuser, zu denen auch das berühmte Haus von Lys mit seiner Renaissance-Fassade zählt. In der Nähe der Marmorsteinbrüche von Campan und Sarrancolin beuteten die Römer einst Eisen- und Kupfervorkommen aus. Ein wenig weiter im Norden befindet sich Bagnères-de-Bigorre, die Wiege der *pyrénéistes*.

Das Departement Haute-Garonne wird durch Toulouse, die ehemalige Hauptstadt der Westgoten, in der zahlreiche Überreste ihrer langen Geschichte zu finden sind, bestimmt. In diesem Departement befindet sich auch Saint-Bertrand-de-Comminges, ein Ort der im 1. Jahrhundert vom römischen Kaiser ***Pompejus*** gegründet wurde. Der Bischof von Comminges, der spätere ***Heilige Bertram***, ließ die Kathedrale Sainte-Marie errichten, die daraufhin vom späteren Papst ***Clemens V.*** vergrößert wurde. In der Kathedrale, neben der ein Kloster errichtet ist, das den Blick auf die Berge freigibt, befinden sich herrliche Paneelen, die von Toulouser Meistern im 16. Jahrhundert mit Schnitzereien versehen worden sind. Das Dorf liegt unterhalb der mächtigen Silhouette der Kathedrale; es krönt einen von Feldern, Weinreben und Zypressen umrahmten Hügel, während sich außerhalb seiner Befestigungsmauern die Überreste römischer Bauwerke befinden. In dem kleinen Marktflecken Alan befindet sich noch immer der Bischofspalast, der von den Bischöfen von Saint-Bertrand errichtet wurde. Ein wenig weiter im Osten erheben sich Montesquieu und Rieux an den Hängen des Volvestre. In Rieux führen zwei alte Brücken über den Fluss Arize, und der achteckige Turm der Kathedrale mit durchbrochenen Stockwerken ist eines der schönsten Beispiele für den Toulouser Baustil. In Saint-Félix-Lauragais, das die Ebene überragt, befinden sich rund um ein Schloss die Überreste alter Bauwerke: Teile der Befestigungsmauern, Markthallen aus dem 14. Jahrhundert sowie heute nicht mehr betriebene Mühlen und Fachwerkhäuser. Im Jahre 1167 fand hier das erste Katharer-Konzil statt.

Aurignac

Das Dorf erhebt sich vor dem farbigen Hintergrund der Pyrenäen. Im Ort befinden sich die Überreste eines mittelalterlichen Bergfrieds, der dem Betrachter einen herrlichen Panoramablick über die Umgebung bietet. Doch es war nicht die Schönheit der Umgebung, die die Berühmtheit dieses kleinen Marktfleckens der Haute-Garonne ausmachte. Das Gebiet um Aurignac gibt Hinweise auf das Paläolithikum, denn hier legte man durch Ausgrabungen Knochen und von Menschen angefertigte Werkzeuge frei. Dies geschah kurz bevor man den Cro-Magnon-Menschen, der zur gleichen Zeit gelebt hatte, in Eyzies-de-Tayac in der Dordogne entdeckte.

In der Region Midi-Pyrénées ist das an das Languedoc angrenzende Departement Ariège das Gebiet, das die meisten und die eindrucksvollsten Zeugnisse aus den Zeiten der Katharer birgt. In der Gegend um Foix stößt man auf zahlreiche Schlösser, die von den *Parfaits* (Katharer, von denen man glaubte, sie haben die Taufe durch den Heiligen Geist empfangen) und ihren Anhängern bewohnt

wurden. Sie erheben sich oft auf steinigen Gipfeln, die wie Adlerhorste die Straßen überblicken, wie beispielsweise Roquefixade, Lordat oder Montségur. Im Jahre 1244 wurden die letzten Katharer, die sich nach Montségur geflüchtet hatten, dem Schutz des Schlosses entrissen und bis zum Scheiterhaufen geführt. In Mirepoix, einer weiteren Hochburg der Katharer, befinden sich heute hübsche Fachwerkhäuser, die einen geschützten Platz säumen. Die Stadt wurde gegen Ende des 13. Jahrhunderts durch den Bruch des Staudamms, der das Wasser des Sees von Puivert zurückhielt, überschwemmt und ein wenig abseits des Hers, eines kleinen Flusses bei Camon, wiederaufgebaut. Eine Legende besagt, dass Camon von ***Karl dem Großen*** gegründet wurde.

Languedoc Roussillon

»Das Languedoc ist ein schönes altes Fleckchen Erde. Sie finden dort überall Ruinen unter Ruinen; die der Kamisarden auf denen der Albigenser, die der Sarazenen auf denen der Goten, unter diesen die der Römer und die der Iberer«, schrieb ***Michelet***. Vom Roussillon aus, das beinahe das Departement Pyrénées-Orientales bedeckt, über die Umrisse der Aude, die Ebenen des Hérault und des Gard, bis hin zu den Ausläufern der Lozère in den Cevennen ist eine lange Geschichte in das Gestein geschrieben. Römer, Westgoten und Sarazenen haben die Spuren ihrer Kultur hinterlassen. Später war die Grenze zwischen Frankreich und Spanien lange Zeit umstritten, wodurch Katalonien mit seiner Sprache und seinen Traditionen ein wenig ins Abseits geriet. Die Bewegung der Katharer fand dort ebenso großen Anklang wie die der Calvinisten. Vielleicht passte sich die Härte dieser Lehren auf besondere Weise der von der Wärme des Mittelmeeres durchfluteten Gegend mit den rauen Landschaften an, deren Schönheit eher hart als sanft ist. In jeder dieser Gegenden findet man Wohnstätten unterschiedlicher Art. Ob Häuser in den Bergen mit Schieferdächern, Kalksteinhäuser in den Causses oder Häuser von Winzern – sie alle haben ihre Formen und Farben und ihren ganz besonderen Charme.

Einige Kilometer von der spanischen Grenze entfernt, in einem Talkessel des erhabenen Flusses Tech, schmiegt sich Prats-de-Mollo um das Haus der Könige von Aragonien, unweit der Place del Rey. Die Befestigungen der Oberstadt mit den schönen mittelalterlichen Straßen wurden im 17. Jahrhundert von ***Vauban*** verstärkt. Er war es auch, der Mont-Louis gründete. Dies geschah nach dem Pyrenäischen Friedensvertrag, der Spanien zur Abtretung des Roussillon an Frankreich verpflichtete, wodurch die Cerdagne zwischen beiden Ländern aufgeteilt wurde. Die gewaltige, in 1600 Metern Höhe erbaute Festung musste nie ihre Wirksamkeit unter Beweis stellen, ganz im Gegensatz zu Villefranche-de-Conflent, das in ein tiefes Tal am Zusammenfluss zweier Ströme eingeschlossen ist. Das rechteckige Dorf wurde, obwohl es bereits von hohen Mauern umgeben war, seinerzeit ebenfalls von ***Vauban*** verstärkt. Durch diesen Schutzmantel sind die schmalen Straßen erhalten geblieben. Die Fassade der Kirche Saint-Jacques mit dem Portal aus rosafarbenem Marmor, aus dem auch die kleinen Säulen an einigen Häusern bestehen, und die Warttürme aus Stein tragen mit ihrem Farbton zu diesem malerischen Gesamtbild bei. In Villefranche fährt auch der »kleine gelbe Zug« ab, der die Cerdagne zur Freude der Besucher durchquert.

La Roque-sur-Cèze

An der Cèze, einem kleinen Nebenfluss der Rhône in den Cevennen, findet man oberhalb von La Roque atemberaubende Schluchten. Das von Zypressen umgebene Dorf schmiegt sich um eine hübsche romanische Kapelle, die auf einem Hügel oberhalb des Flusses liegt.

Zwei prächtige mittelalterliche Abteien erheben sich nahe des Mont Canigou, der beinahe eine Höhe von 3000 Metern erreicht; die Katalanen haben ihn zu ihrem »Olymp« gemacht. Die Kirchen Saint-Martin-du-Canigou und Saint-Michel-de-Cuxa sind von einem quadratischen, gezackten Turm gekrönt. Auf den Ausläufern des Berges liegt Castelnou, das eine von Schutzmauern aus dem 13. Jahrhundert umgebene Felskuppe überragt. Die Gassen, in denen Häuser aus ockerfarbenem Stein stehen, sind ebenso abschüssig wie die von Eus (sprich: »E-uss«), das in der Nähe von Prades liegt. Hier, auf den steilen Treppen und den mit Kieselsteinen gepflasterten Straßen, liegt ein von Weinreben umgebener Abhang. Die Kirche aus dem 18. Jahrhundert befindet sich auf dem Gipfel neben den Ruinen der Befestigungen, die einst ein Schloss der Grafen von Cerdagne schützten. Die ziegelbedeckten Häuser mit Sockeln aus Granit sind stufenweise bis ins Tal angeordnet, in dem sich eine romanische Kapelle befindet.

Gruissan

Südlich von Narbonne-Plage liegt Gruissan, das kranzförmig um den Felsen herum gebaut worden ist, auf dem der Turm Barberousse steht. Das Fischerdorf, das von einem Teich und einem Sumpf gesäumt wird, ist durch einen Mühlbach mit dem Meer verbunden. Seine typisch mediterranen Häuser, die sich eng aneinander schmiegen, haben den Charme der alten Dörfer des Languedoc. Ein Seebad wurde ebenso wie ein Freizeithafen in der Nähe von Gruissan teilweise auf Pfahlwerk errichtet.

Die Côte Vermeille, die zwischen Argelès und Cerbère an der spanischen Grenze liegt, ist für die Schönheit ihrer Landschaften bekannt. Zwischen dem Massiv der Montes Albères und dem Mittelmeer folgen entlang der zerklüfteten Küste Häfen und Strände aufeinander. Collioure ist eines der schönsten Beispiele. Hier fanden sich zu Beginn des 20. Jahrhunderts zahlreiche Maler ein, darunter ***Derain***, ***Picasso*** oder ***Foujita***. Die rosafarbene Kuppel der Kirche Saint-Vincent, die über dem Blau des Meeres emporragt, und das alte Viertel von Mouré inspirieren noch heute viele Künstler. In der Gegend um Banyuls sind die Hügel mit Weinbergen überzogen; ein bekannter Wein etwa ist der Rivesaltes im Norden Perpignans.

In den weiter nördlich gelegenen Corbières wechseln sich entlang der Aude bis nach Narbonne Ödland und Weinberge ab. Hier liegt ein kleines Dorf, Cucugnan, mitten im Land der Katharer zwischen Quéribus und Peyrepertuse. Der durch drei Festungsmauern geschützte Bergfried von Quéribus befindet sich auf einer Kuppe; von hier aus kann man auf das Mittelmeer blicken, das etwa dreißig Kilometer entfernt ist. Peyrepertuse stellte eine der gewaltigsten Zitadellen dar, die laut geschichtlicher Überlieferung den Norden des spanischen Königreiches oder den Süden Frankreichs, nach dessen Rückkauf durch ***Ludwig den Heiligen*** von Frankreich, verteidigten. Die Festung, die auf einem Kamm der Hautes-Corbières liegt, ist ein gigantisches Gebilde aus Stein, das einen Schwindel erregenden Ausblick bietet. Viele weitere katharische Stätten, die ebenso beeindruckend sind, zieren die Region, wie etwa Puilaurens oder das Schloss von Termes, dessen Sturz ein entscheidendes Ereignis im Kreuzzug von ***Simon de Montfort*** darstellte.

Das etwas weiter im Norden liegende Lagrasse unterstützte hingegen die Katholiken. Hier war im 8. Jahrhundert eine Abtei entstanden. Nach einer Legende ist ihre Gründung ***Karl dem Großen*** zuzuschreiben, was jedoch bezweifelt wird. In dem Dorf, das sich am anderen Ufer des Orbieu ausgedehnt hat, sind Überreste der Schutzwälle aus dem 14. Jahrhundert sowie Häuser und Markthallen aus derselben Zeit erhalten geblieben. Die Gässchen, in denen heute viele Handwerker zu finden sind, werden durch Kalksteinfassaden gesäumt, die hier und da durch Springbrunnen, Fenster mit Fensterkreuzen und geschnitzten Balken verziert sind.

Westlich von Carcassonne liegt Bram, eine kleine mittelalterliche Festung, die rings um die Kirche errichtet wurde; hier hielten sich viele Anhänger der Katharer auf, die von ***Simon de Montfort*** grausam bekämpft wurden. Die Altstadt von Carcassonne ist ein großartiges Zeugnis der mittelalterlichen Bauten, die unter den berühmten Türmen der Stadt errichtet sind. ***Viollet-le-Duc*** hat sehr viel – manche sagen gar zu viel – zu seiner Restaurierung beigetragen. Auch in Narbonne findet man einige sehenswerte Überreste rings um die Kathedrale Saint-Just.

Etwas südlich von Béziers beginnt das Departement Hérault. Im Mittelalter stand in Minerve das Schloss der Grafen von Minervois, der Weingegend am Rande der Montagne Noire. Das Dorf am Zusammenfluss zweier Ströme war ein heftig umkämpfter Schauplatz; die Bewohner mussten vor den Truppen ***Simon de Montforts*** kapitulieren, denen es gelungen war, dem Dorf durch die Zerstörung des einzigen Brunnens die Wasserquelle zu nehmen. Die hohen soliden Häuser mit ihren flachen Dächern werden noch immer von der »Candela«, dem Bergfried des alten Schlosses, überragt. Die romanische Kirche birgt wertvolle und seltene Überreste des 5. Jahrhunderts.

Im Herzen der Berge von Espinouse liegt La Salvetat-sur-Agout, das trotz seiner hohen Lage von sanften Hängen umgeben ist. Das Dorf wurde im 11. Jahrhundert um ein Priorat herum angelegt. Reste von Schutzwällen und alten schiefergedeckten Häusern sind hier ebenso erhalten wie in Fraisse, das wenig entfernt am Agout liegt.

Das östlich von Lodève gelegene Saint-Guilhem-le-Désert ist zurecht eines der am meisten besuchten Dörfer der Region. Das Dorf mit den ockerfarbenen Häusern erstreckt sich zwischen den trockenen Felsen in der engen Schlucht des Verdus, eines kleinen Nebenflusses des Hérault. Das alte Gellone verdankt seinen heutigen Namen ***Wilhelm von Oranien***, dem Grafen von Toulouse und Herzog von Aquitanien. Im Jahre 804 gründete er, von der Schönheit und Abgeschiedenheit der Gegend fasziniert, ein Kloster, in das er sich einige Jahre später zurückzog. ***Wilhelm***, Enkel ***Karl Martells*** und Gefährte ***Karls des Großen***, zeichnete sich zunächst durch seinen Kampfesmut insbesondere gegen die Sarazenen aus. Die Popularität ihres Gründers und eine Reliquie des Kreuzes, das ihr der Kaiser geschenkt hatte, haben der Abtei zu hohem Ansehen verholfen.

Bram

Dieses Dorf in der Aude liegt auf halber Strecke zwischen Castelnaudary und Carcassonne. Sein vollkommen konzentrischer Grundriss und seine engen, die Kirche umschließenden Straßen sind darauf zurückzuführen, dass es im Mittelalter zu einer Festung ausgebaut wurde. Der friedliche Marktflecken des Lauragais-Gebiets wurde im 13. Jahrhundert zum Schauplatz Furcht erregender Kämpfe, als die Unterdrückung durch die Katharer ihren Höhepunkt erreicht hatte.

Nach den Unruhen des 10. Jahrhunderts entwickelte sich die Abtei prächtig; ihr Einfluss wurde größer und ihre Besitzungen dehnten sich aus, während der Wohlstand des Dorfes wuchs. Die Pilger des Mittelalters kehrten dort ein, als sie nach Santiago de Compostela unterwegs waren; zu dieser Zeit, zwischen dem 11. und 13. Jahrhundert, gab man zunächst dem Kloster, dann auch dem Dorf den Namen ***Wilhelms (Guillaume)***. Im Jahre 1569 wurde Saint-Guilhem von den Protestanten belagert. Die Abtei, die schon im Niedergang begriffen war, wurde verlassen. Sie wurde restauriert und fand am Ende der Religionskriege zu neuem Leben; während der Französischen Revolution wurden die Gebäude dann zerstört. Obwohl die Überreste des Klosters in das Verzeichnis der historischen Monumente aufgenommen wurden, lernte man erst Mitte des 20. Jahrhunderts, ihren Wert zu schätzen. Von den umliegenden Anhöhen aus kann man die Terrassen und Dächer überblicken, die sich stufenförmig unterhalb der Kirche und des Klosters anordnen. Am Rande der engen Straßen und Wege vereinigen sich in den mittelalterlichen Häusern die Robustheit der Architektur der Cevennen mit den Verzierungen aus der Renaissance: mit Skulpturen verzierte Kapitelle, Fenster mit Fensterkreuzen oder Türen mit kunstvoll gearbeiteten Stürzen. Das Dorf widmete sich lange Zeit der Seidenraupenzucht.

Diese war auch in den Cevennen verbreitet, wie etwa in Saint-Jean-du-Gard, einer hübschen kleinen Stadt am Ufer des Gardon. Wenn die Aude auch von Erinnerungen an die Auseinandersetzungen zwischen Katharern und Kreuzfahrern erfüllt ist, waren die Cevennen lange Zeit ein Ort der Konflikte zwischen den Katholiken und den Protestanten der Region, den so genannten Kamisarden. Noch vor der Aufhebung des Edikts von Nantes waren die zahlreichen Reformierten der Region Opfer von Verfolgungen geworden, bis hin zu den schrecklichen Dragonaden, den von ***Ludwig XIV.*** organisierten Maßnahmen zur Verfolgung der Hugenotten. Die sicheren Orte der Protestanten waren von diesen Maßnahmen besonders betroffen, wie beispielsweise Mas-Soubeyran oder Mialet. Im nahe gelegenen Mialet sind alte, solide wirkende Häuser mit drei Etagen erhalten, die aus der Zeit der Seidenraupenzucht stammen. Die oberste Etage war den Seidenraupen vorbehalten, die Menschen lebten in den Etagen darunter und im unteren Stockwerk befanden sich Ställe und Vorräte.

Racine verbrachte seine Jugendzeit in Uzès in den Garrigues. Seine Familie hatte ihn einem verwandten Vikar anvertraut, um ihn von einer Theaterkarriere abzuhalten. Einige Zeit später besuchte ***André Gide*** den Ort, um hier bei seiner Großmutter seine Ferien zu verbringen. Im Tal der Cèze nahe Uzès liegen viele hübsche Dörfer, wie etwa Lussan, wo einst ebenfalls Wolle und Seide gesponnen wurden.

Auf dem Weg in die Auvergne passiert man die Cevennen im Gebiet der Lozère, deren westliche Grenze die

Villefranche-de-Conflent

Im Gegensatz zu den meisten anderen Festungen in den Pyrenäen liegt Villefranche nicht auf einer Anhöhe, sondern in einem engen Tal, zu dem das Dorf seit dem 11. Jahrhundert den Zugang verwehrte. Die Befestigungen, die im 17. Jahrhundert von Vauban verstärkt wurden, umschließen hübsche mittelalterliche Häuser in der Nähe der beiden mystischen Hochburgen der Region: Saint-Martin-du-Canigou und Saint-Michel-de-Cuxa.

Folgende Seiten

Saint-Guilhem-le-Désert

Dieses wunderschöne Dorf in der Nähe von Lodève hat sich, wie einst viele andere, rund um eine Abtei ausgebreitet, die aus dem 9. Jahrhundert stammt. Seinen Namen verdankt es seinem Gründer Wilhelm, dem Grafen von Toulouse und Herzog von Aquitanien. In Saint-Guilhem gab es in jenen Tagen viele Seidenraupenzüchter. Heute findet man Künstler und Handwerker in den Straßen mit den ockerfarbenen Häusern.

Grands Causses bilden. In diesen weiten, kalkhaltigen Ebenen, auf denen Schafe grasen, liegen versteckt die Grotten von Dargilan oder die Karsthöhle Armand mit den bizarren Tropfsteinen. Im Osten entfalten sich die Reliefs des Mont Lozère, deren Häuser im Granit untertauchen, das stellenweise erstaunliche Formen annimmt. Wenn Lozère auch das bevölkerungsärmste Departement Frankreichs ist, so findet man hier viele reizvolle Dörfer wie La Canourgue oder Sainte-Enimie. Dieses liegt auf den steilen Abhängen der Schluchten des Tarn. ***Enimie***, die Schwester ***Dagoberts***, soll im nahe gelegenen Gévaudan ein Kloster gegründet haben. An den Ufern des Lot liegt Mende, die einzige große Stadt der Region. Hier gibt es noch heute hübsche, alte Gassen rund um die Kathedrale.

Provence Côte d'Azur

»Von jeher war die Provence allen Völkern ein Reiseziel und Gastland, von dem sich viele nicht mehr losreißen konnten. Die Griechen, Spanier, Italiener ... zogen die aromatischen Feigen aus Fréjus denen aus Ionien oder Tuskulum vor«, schrieb ***Michelet***. Die Provence ist ein Schmelztiegel, in dem sich alle mediterranen Völker vermischt haben und sie hat über die Jahrhunderte hinweg von deren Verschiedenartigkeit gelebt. Außerdem ist sie durch ihre Geschichte, Geografie, durch ihre Oberflächenbeschaffenheit, die Vegetation und ihre Bauwerke viel komplexer, als man es sich im Allgemeinen vorstellt. Die Provence ist zuerst einmal ein Feuerwerk an Farben: das Weiß der Steine, der Häuser und der *Garrigues* (Landschaften mit bestimmter Strauchformation in den Mittelmeerländern), das Rot der Dachziegel, das Blau des Himmels, das Silber der Olivenhaine, das Gelb der Mimosen und das Lila des Lavendel. Dazu kommen die Aromen der Blumen, die von den Parfümherstellern aus Grasse in Düfte verwandelt werden, und der Kräuter, die der südländischen Küche ihre Würze verleihen: Thymian (hier *Farigoule* genannt) oder Rosmarin. Die Provence weckt den Gedanken an sonnenbeschienene Hügel, an Dörfer, über denen der Gesang der Grillen liegt, und an den Akzent, mit dem die Figuren ***Pagnols*** sprechen. Aber die Provence ist auch eine Welt der Gebirge, der Alpen, und eines sagenumwobenen Meeres, des von Stränden und kleinen Buchten gesäumten Mittelmeeres, und der ausgedehnten Weiten der Camargue. Hier bieten die kleinen Bauern- und Landhäuser, die aus Bruchstein oder aus ockerfarbenem Putz bestehen und von römischen Dachziegeln gekrönt sind, den Angriffen der Sonne und des Mistrals nur kleine Öffnungen. Auch durch die Zypressenhecken, die man von Zeit zu Zeit sieht, versucht man, den Wind abzuschwächen. Dieser wird ab dem Zeitpunkt, da er die Grenze des Languedoc überschreitet, »Tramontana« genannt.

Trotz ihrer Verschiedenheit besitzen die provenzalischen Landschaften eine gemeinsame Seele, die vom Klima und den Menschen des Mittelmeeres geprägt ist. Der Hof der provenzalischen Grafen, im 15. Jahrhundert besonders der des ***Königs René***, war geprägt von Vornehmheit. Aix en Provence hat seine Rolle als provenzalische Hauptstadt der schönen Herrenhäuser beibehalten; sie säumen die Straßen und Plätze, die man zufällig von einer Promenade aus entdeckt. ***Mirabeau*** war Abgeordneter der »Stadt der tausend Brunnen«, dem Geburtsort von ***Vauvenargue*** und ***Paul Cézanne***, der hier seine Jugend verbrachte. Am Collège d'Aix nahm er sich ***Emile Zolas***, eines Neuankömmlings, an. Es folgten eine lange Freundschaft und ein Briefkontakt. ***Cézanne*** bereiste oft die Ufer des Arc und die Montagne Sainte Victoire. Die Bilder dieser Periode verdanken ihre wirklichkeitstreuen ockerroten Farbtöne der Erde, die er dem Hügel entnahm, um sie mit seinen Farben zu mischen.

Eze

Das Dorf liegt im Herzen der Riviera, zwischen Nizza und Menton, und überragt in 400 Metern Höhe das Mittelmeer. Ein Fußweg, der bis zum Meer hinunter führt, ist nach Friedrich Nietzsche benannt, der hier einen Teil seines »Zarathustra« schrieb. Wir verdanken die Schönheit dieser hoch gelegenen Dörfer der Vorsicht der Erbauer von einst, die ihre Häuser so bauten, dass sie unerreichbar für Piraten waren.

Im Westen, hinter Marseille und dem Etang de Berre, breiten sich das Rhône-Delta und die Ebene der Camargue aus, die aus den Anschwemmungen des Flusses entstanden ist. Die Camargue – das Gebiet der berittenen Viehhirten, der Stier- und der Pferdeherden – bietet eine erstaunliche Flora und Fauna. Jedes Jahr im Mai zieht die Pilgerstätte Saintes-Maries-de-la-Mer große Menschenmengen an, darunter auch viele Zigeuner, die ihrer Schutzpatronin ***Sara*** die Ehre erweisen möchten. Begleitet von ***Marie Jacobäa*** und ***Maria Salome*** soll ***Sara*** an diesem Ufer gestrandet sein. Bei den Prozessionen trägt man noch heute die traditionellen Trachten aus Arles, der Stadt an den Pforten der Camargue. Weiter im Osten erhebt sich die Gebirgskette der Alpilles mit ihren kahlen Bergspitzen und den weißen, mit Pinien übersäten Kalksteinhängen.

Hinter Fontvieille und der Mühle von ***Daudet*** befindet sich auf einem Felsvorsprung Les-Baux-de-Provence. Das heute fast verlassene Dorf hat sich im Schatten einer gewaltigen Festung gebildet. Der Ort, der seit der Jungsteinzeit bewohnt ist, war schon eine Festung, bevor eine mächtige provenzalische Familie hier im Mittelalter eine Zitadelle errichtete. Die Herren von Les Baux weiteten ihre Herrschaft im 11. Jahrhundert auf Dutzende von Städten aus. Ihr Ehrgeiz bescherte den Dorfbewohnern ein bewegtes Leben, das bis zum 15. Jahrhundert von Schlachten und Belagerungen geprägt war. Dann fiel Les Baux in die Hände ***König Renés***, der hier ein »Liebesnest« errichtete. Nachdem die Provence in den Besitz des Königs von Frankreich übergegangen war, brachen für das Dorf endlich friedliche Zeiten an.

Hinter Beaucaire und Tarascon, zwei Namen, die an die Erzählungen ***Daudets*** erinnern, erreicht man Avignon, das der Autor in seinem Werk *Briefe aus meiner Mühle* beschreibt. »Wer nicht das Avignon der Zeit der Päpste gesehen hat, hat nichts gesehen. Es waren das Tick-Tack der Spitzenklöppler, die kleinen Hämmer der Kännchenziselierer, die Saiteninstrumente, die man bei den Geigenbauern stimmte, die Gesänge der Kettschärer: Von oben erklingt das Geläut der Glocken, und man hört stets das Trommeln einiger Tamburine, das von unten aus Richtung der Brücke erklingt.«

Im Norden des Comtat Venaissin laden die kleinen Gassen von Séguret, nahe Les-Dentelles-de-Montmirail, zu schönen Spaziergängen zwischen den alten Häusern und Brunnen ein, wie auch der Ort Malaucène mit seiner alten Kirche, der sich am Fuße des Berges Ventoux befindet. Der Ventoux, ein Kreideberg, über den der Mistral fegt, galt in der Antike als Kultstätte, die dem Gott des Windes gewidmet war. Auch ***Petrarca*** wurde von der kargen Schönheit des Ortes verzaubert, und er machte sich daran, den 2000 Meter hohen Berg zu besteigen.

Im 19. Jahrhundert verbrachte der Insektenforscher ***Fabre*** sein ganzes Leben damit, die besonders vielfältige Pflanzenwelt des Berges Ventoux zu erforschen. Vom Gipfel aus hat man einen ergreifenden Rundblick. Im Wechsel der Jahreszeiten hat das Leben in der Umgebung des Bergs seit Jahrhunderten denselben Ablauf: Der Almauftrieb der Schafe im Frühjahr, die blau-violetten Reihen der Lavendelfelder im Sommer, die Weinlesen an den Hängen des Berges Ventoux im Herbst und die Olivenernte im Winter. Die Häuser aus ockerfarbenem Stein der Dörfer Brantes, Bédoin und Flassan, ihre Kirchtürme und ihre kleinen, schattigen Plätze liegen auf den Vorläufern des Bergs.

Nördlich des Plateaus von Albion befindet sich Montbrun-les-Bains, das alle typischen Merkmale eines provenzalischen Dorfes aufweist, obwohl es zur Drôme gehört. Vom Gipfel eines Hügels aus, der von den Ruinen eines Schlosses überragt wird, erstrecken sich die Häuser des Dorfes terrassenförmig bis in die mit Zypressen bewachsene Ebene. Im 16. Jahrhundert war der Herr von Montbrun ein überzeugter Protestant, der hingerichtet wurde, da er nach der Bartholomäusnacht an den Katholiken Vergeltung geübt hatte. Heute ist Montbrun eine grüne Oase inmitten dieser kargen Region.

Im Luberon, einer Mischung aus Wald und steinigem Boden, gibt es viele Dörfer, die auf einem Felsvorsprung liegen und in einer Landschaft entstanden sind, in der Kiefern, Zedern und Olivenbäume neben dem Thymian, Lavendel und Rosmarin der *Garrigues* wachsen. Durch den leicht rosafarbenen Stein der Häuser, die kurvenreichen Straßen mit ihren gewölbten Durchgängen und durch die Düfte entfaltet sich hier zwischen Sonne und Schatten der ganze Charme der Provence.

Roussillon

Im Norden des Luberon liegt der Ort Roussillon. Er überragt das Val des Fées und wird von Ockersteinbrüchen umgeben, denen er seinen Ruf verdankt. Die Fassaden der dicht gedrängten Häuser des kleinen Dorfes sind in allen Ockernuancen zwischen Blassgelb und Rot gehalten. Gewölbte Durchgänge und steile Gässchen – alles hier lädt dazu ein, unter der provenzalischen Sonne spazieren zu gehen.

Das gilt auch für die Orte Oppède-le-Vieux, Lourmarin, Ansouis und Lacoste, wo der ***Marquis de Sade*** als Schlossherr lebte. In Ménerbes, das sich der Länge nach auf einem Felsvorsprung erstreckt, umgeben schöne Häuser und einige wundervolle Hôtels eine Zitadelle, die zur Zeit der Religionskriege sehr umkämpft war. Von der alten Kirche aus hat man einen Blick auf Gordes, das am Rand der Ebene des Vaucluse liegt. Das um ein mittelalterliches Schloss herum gebaute Gordes krönt eine Felsklippe. Dieses im 16. Jahrhundert umgebaute Schloss inspirierte schon den Maler ***Victor de Vasarély***, einen der Begründer der OP-Art. Seit den 1960-er Jahren werden die Säle des

Schlosses als Museum genutzt, das seinem Werk gewidmet ist. Vom Rundweg aus, der als Überrest der alten Mauer geblieben ist, hat man einen Panoramablick über die Ebene, die sich am Fuße des Dorfes erstreckt. Er reicht von Apt bis Cavaillon und auf den Berg Ventoux. Früher war die Stadt von Seidenraupenzüchtern und Webern bevölkert, während man in der Umgebung Oliven und Färberröte anpflanzte.

Etwas weiter südlich liegt das Dorf der *Bories*. Die kleinen runden, kegelförmigen, rechteckigen oder quadratischen Häuschen aus Trockenmauerwerk dienten je nach Epoche als Zufluchtsort in Zeiten der Unruhe, als Herberge für vorbeiziehende Hirten oder als Schuppen. Sie sind im gesamten Süden Frankreichs verbreitet, vor allem im Luberon. Das Besondere der Bories von Gordes aber besteht darin, dass sie wie ein großer Bauernhof wirken. Innerhalb eines geschlossenen Hofes hat jede Borie eine ganz bestimmte Funktion: Wohnhaus, Brot-Backofen oder Nebengebäude. Einige Kilometer entfernt befindet sich ein Meisterwerk der Kunst der Zisterzienser, die Abtei von Sénaque. ***Petrarca*** lebte lange Zeit in der Nähe eines weiteren Wunderwerks, dieses jedoch von natürlicher Art: die Quelle der Fontaine-de-Vaucluse. Die Fassaden von Roussillon, etwas weiter im Osten, schmücken sich mit der gesamten Ocker-Farbpalette von Gelb bis Rot. Die Produkte der umliegenden Steinbrüche werden in großem Umfang auch in andere Regionen exportiert.

Das winzige Dorf Lurs, das sich zwischen dem Tal der Durance und dem kargen Lure-Gebirge befindet, diente früher dem Bischof von Sisteron als Sommerresidenz. Damals war die Stadt durch die Handwerker und Hirten stark belebt. Heute findet jeden Sommer eine internationale Veranstaltung für grafische Künste in den schönen, mit Erkern ausgestatteten Häusern und auf den kleinen, schattigen Plätzen von Lurs statt. Die Romane des in Manosque geborenen Autors ***Giono*** sind geprägt von den wilden Landschaften, die den Ort umgeben: Kalksteinfelsen, auf denen Olivenbäume, Thymian und Lavendel wachsen. Auf sie brennt die Sonne nieder, und sie werden ständig vom Mistral umtost.

Moustiers-Sainte-Marie war im 18. Jahrhundert sehr bekannt für seine Steingutfabriken. In einer wunderbaren in ein Museum umgewandelten Krypta kann man alte Räume bewundern oder die kleinen Läden und Werkstätten besuchen, in denen die Tradition fortlebt. Oberhalb von Moustiers, das im 5. Jahrhundert von einer Kolonie von Mönchen gegründet wurde, liegt die Kapelle Notre-Dame-de-Beauvoir, die auf dem das Dorf überragenden Felsen errichtet wurde. Der Felsen wird durch das Flussbett eines Stromes in zwei Teile geteilt: Man sagt, ein Ritter habe bei seiner Rückkehr aus dem Heiligen Land eine mit einem Stern geschmückte Kette als Dank von einem Ufer zum anderen gespannt.

Simiane-la-Rotonde

Die »Rotonde«, die den Ort Simiane krönt, sind die Überreste eines Schlosses aus dem 12. Jahrhundert. Heute ist sie jeden Sommer Schauplatz eines Festivals für altertümliche Musik. Kunstvoll gearbeitete Türen, gewölbte Eingänge und kleine Fenster mit geschlossenen Fensterläden zum Schutz gegen die provenzalische Sonne schmücken die Straßen des am Hang eines Hügels gelegenen Dorfes, während der Lavendel und die Olivenbäume an die Landschaften aus den Romanen Gionos erinnern.

Brücken, die über den das Dorf durchquerenden Fluss führen, enge Straßen und gewölbte Durchgänge, mit Kalk verputzte Fassaden, eine Kirche mit Glockenturm, der mit zweigeteilten Fenstern versehen ist – Moustiers besitzt alle Attraktionen eines verwinkelten Dorfes. Nachdem sie im 19. Jahrhundert der Aristokratie als Winterresidenz diente, ist die Côte d'Azur Mitte des 20. Jahrhunderts mit umstrittenen Bauwerken übersät worden. Man musste Platz schaffen für die Touristen, die in Massen kamen, um die »Große Blaue« zu genießen. Aber glücklicherweise haben die Dörfer, Häfen und Strände der Côte d'Azur vor allem im Hinterland, ihren Charme behalten.

Von der Steilküstenstraße des Maures aus kann man Le Lavandou entdecken, den kleinen Hafen mit blumigem Namen, den schönen Strand von Pampelonne in der Nähe von Ramatuelle, oder Saint-Tropez, das nach ***Colette*** und ***Cocteau*** in den 1950-er Jahren zum Treffpunkt der Filmstars wurde und seitdem »Saint-Trop'« genannt wird. Eine weitere kurvenreiche Küstenstraße zieht sich zwischen Saint-Raphaël und Cannes durch das Esterel-Massiv. Pinienwälder wachsen an den Hängen des zerklüfteten, wenn auch nicht sehr hohen Gebirges, das in Landzungen und Felsbuchten in das Meer übergeht. In der Umgebung von Juan-les-Pins und Antibes haben die vom

Duft der Mimosen erfüllten Städte und Dörfer auf den Hügeln eine Vielzahl von Malern aufgenommen.

In Antibes kann man im ***Picasso***-Museum die Werke, die der Künstler in der Region malte, und die Keramiken, die er in Vallauris schuf, bewundern. Im Fotografie-Museum in Mougins, wo er ebenfalls gelebt hat, findet man zahlreiche Porträts von ***Picasso*** und von den Besuchern, die er empfing. Die Werke ***Renoirs*** sind in Cagnes-sur-Mer auf dem Landgut, wo der Maler seinen Lebensabend verbrachte, ausgestellt. Das in der Nähe von Vence gelegene Saint-Paul ist berühmt für sein Museum für moderne Kunst, die Maeght-Stiftung, die sich in einem rosaweißen Gebäude auf dem Gadettes-Hügel befindet. Im Dorf galt der Gasthof »La Colombe d'Or« seit den 1920-er Jahren als Treffpunkt der Künstler: ***Signac***, ***Soutine***, ***Chagall*** und viele andere verkehrten hier.

Etwas weiter im Hinterland befindet sich Seillans. ***Max Ernst***, der von den abschüssigen, gepflasterten Gässchen des Ortes verzaubert war, hielt sich hier auf und malte. Hier findet man den Charme der Klippendörfer, wie beispielsweise Gattières oder das etwas weiter im Osten liegende Gourdon, das ein wahres Adlernest nahe der Schluchten des Loup ist. In Tourrette-sur-Loup, zwischen Grasse und Vence, hat man sich auf den Anbau von Veilchen spezialisiert.

Im Hinterland von Nizza gibt es viele weitere erstaunliche Dörfer, wie beispielsweise Coaraze. Hier gibt es einen Platz mit Sonnenuhren, die verschiedene Künstler, unter anderem ***Cocteau***, entworfen haben. Lucéram mit seinen steilen Treppen und den schattigen Gässchen mit erfrischenden Brunnen wurde in großer Höhe errichtet. Um auf dem kleinen Felsen, der dem Dorf als Sockel dient, Platz zu gewinnen, hat man über den Straßen in Höhe der ersten Etage Räume geschaffen, die so genannten *pontis*. Das an der Bévéra gelegene Sospel, Peille, ein mittelalterliches Dorf, das am Hang eines Hügels gebaut ist, Peillon, wo sich zwischen den Häusern die Kapelle Pénitents blancs mit ihren schönen Fresken aus dem 15. Jahrhundert erhebt, das am Fuße eines rosafarbenen Kalksteinfelsen gelegene Sainte-Agnès – obwohl sie so nah an der Küste liegen, sind diese Dörfer noch von den Schäden, die der Tourismus anrichtet, verschont geblieben.

Weiter landeinwärts, in Richtung Italien, erhebt sich das Mercantour-Massiv mit seinen über 2000 Meter hohen Gipfeln. In einem Nationalpark findet man eine Bergwelt mit Tälern, Seen und Gebirgsbächen und einer besonders artenreichen Flora und Fauna. Das Merveilles-Tal in der Umgebung des Berges Bégo birgt zahlreiche Felsgravierungen, von denen die ältesten aus der Bronzezeit stammen. Im Norden befindet sich im Gebiet Queyras Saint-Véran, das höchst gelegene Dorf Europas. Die Umgebung von Saint-Véran, die im Sommer ein Wandergebiet ist, verwandelt sich im Winter in Skipisten.

Gordes

Die kurvenreichen Straßen der Stadt Gordes mit ihren wuchtigen Häusern waren früher von Seidenraupenzüchtern bevölkert. Am Rand des Ortes, zwischen dem Thymian, Lavendel und Rosmarin der Garrigues, wurden Olivenbäume und Färberröte angepflanzt. Seit den 1960-er Jahren befindet sich im mittelalterlichen Schloss ein Museum, das dem von Gordes verzauberten Künstler Vasaléry gewidmet ist. Von den Überresten des Rundwegs aus kann man die sich am Fuße des Dorfes ausbreitende Ebene von Apt bis Cavaillon und den Berg Ventoux bewundern.

Korsika

Korsika, der Rücken eines Berges, der sich aus dem Mittelmeer erhebt und im Norden eine Höhe von mehr als 2700 Metern erreicht, bietet außergewöhnliche Landschaften, deren von Tälern zerklüftetes Profil nach Süden und Osten hin immer weiter abfällt. Kurvenreiche Straßen an den Hängen der Gebirge, Macchien, Weinberge, Olivenbäume und Pinienwälder, eine zerklüftete Felsküste mit kleinen, von feinem Sand gesäumten Buchten, am Rande von Abgründen hängende Dörfer – die »Insel der Schönheit« könnte keinen passenderen Namen als diesen tragen. Die Insel war schon früh ein Objekt der Begierde. Die Phönizier errichteten hier eine Handelsniederlassung, dann folgten die Etrusker und Karthager, bevor sich schließlich die Römer niederließen. Zu Beginn unserer Zeitrechnung verbannte Rom hierher unerwünschte Personen; dies sollte insbesondere das Schicksal ***Senecas*** sein. Nach einer langen, von verschiedenen Invasionen geprägten Phase fiel Korsika im 11. Jahrhundert an Pisa. Die Republik Pisa musste sich jedoch die Herrschaft mit Genua teilen, das im Jahre 1284 die Vormachtstellung auf der gesamten Insel erlangte. Die Vorherrschaft Genuas sollte trotz zahlreicher Konflikte fast fünf Jahrhunderte dauern. Die Ansprüche Venedigs, Aragoniens und Frankreichs haben zusammen mit dem Unabhängigkeitsstreben der Insulaner bis zum 16. Jahrhundert zu permanenten Unruhen geführt. 1557 fiel Korsika an die französische Krone, zwei Jahre später jedoch erlangte Genua erneut die Vorherrschaft. Die Insel blieb durch die Jahrhunderte hindurch von Kämpfen geprägt, und im 18. Jahrhundert brach der Unabhängigkeitskrieg aus, in dem sich Genueser, Franzosen und Korsen als Feinde gegenüberstanden. Im Jahre 1735 erklärten die Korsen ihre Unabhängigkeit unter der Führung eines Triumvirats. Frankreich nahm seinen Eroberungsfeldzug wieder auf, bis die Genuesen ihm im Jahre 1768 die Insel überließen. Trotz eines starken Widerstands unter der Führung von ***Pascal Paoli*** wurde Korsika im Jahre 1790 der Status eines französischen Departements auferlegt. ***Paoli*** kehrte aus dem Exil zurück, um mit Hilfe des Verbündeten England erneut zu versuchen, die Unabhängigkeit der Insel zu erlangen. Das errichtete »anglo-korsische« Königreich stand in Wirklichkeit unter englischer Herrschaft. Die Hoffnung auf Unabhängigkeit wurde ein weiteres Mal enttäuscht, und Frankreich erlangte die Herrschaft über die Insel zurück, während General ***Bonaparte***, der – wäre er ein Jahr früher geboren worden – Italiener gewesen wäre, seine glänzende Karriere begann. Die Divisionen wurden trotzdem nicht abgezogen, und bis Anfang des 19. Jahrhunderts kam es noch immer zu zahlreichen Aufständen. Bis heute fordern separatistische Bewegungen weiterhin die Unabhängigkeit des Landes. Im Jahre 1975 wurde Korsika in zwei Departements aufgeteilt, Haute-Corse und Corse-du-Sud. 1982 erhielt Korsika den Sonderstatus einer territorialen Gemeinschaft.

Piana

Dieses Dorf erscheint in der ganzen Ruhe einer geschützten Landschaft zwischen blauem Meer und duftender Vegetation. Piana ist jedoch vor allem für die Schönheit seiner Felsbuchten berühmt, obwohl diese von einer Teufelslegende umgeben sind. Nachdem eine Hirtin die Annäherungsversuche des Teufels mit Hilfe ihres Mannes zurückgewiesen hatte, nahm der Zorn Satans in Form von gigantischen Felsen Gestalt an und versteinerte dabei unter anderem den Hirten, die Hirtin und deren Hund. Der heilige Martin, durch den Lärm alarmiert, lief herbei und betete: Der Himmel erhörte ihn und schickte eine gigantische Welle, die zum Golf von Porto wurde.

Das Cap Corse im Norden der Insel bietet an seiner Westseite zerklüftete Gebirgsstöcke, die zum Meer hin abfallen. Im Osten ist die Küste geradliniger und weniger steil. In eine kleine, seichte Bucht der Westküste eingebettet liegt Centuri-Port mit seinen in sanften Farben verputzten Fischerhäusern. Weiter südlich thront der Ort Nonza auf einem Felsvorsprung mit Schwindel erregenden Abhängen. Die Kirche ist der ***Heiligen Julia*** geweiht, der Schutzpatronin Korsikas, die in Nonza geboren wurde. Die Überreste eines genuesischen Turmes überragen den Ort.

Im Süden des Caps, in Saint-Florent, findet man eine genuesische Zitadelle, die im 15. Jahrhundert errichtet wurde. Der kleine Hafen, der in einem von Bergen eingefassten Golf liegt, birgt eine der schönsten römischen Kirchen im pisanischen Stil. Auf der entgegengesetzten Seite, an das Tyrrhenische Meer grenzend, ragen die dicht gedrängten Häuser von Erbalunga kaum aus dem Wasser heraus. Südlich des Cap Corse liegt Bastia, die größte Stadt der Insel. Sie hat sich um das Viertel »Terra-Vecchia« herum den Charme des alten Hafens, aus dem sie entstanden ist, bewahrt.

Die steinigen Agriates-Hügel wurden früher von den Bewohnern des Cap Corse bebaut. Aus dieser Zeit stammen die *paillers*, Hütten aus Trockenmauerwerk, die als Scheunen und dann als Unterschlupf für Hirten dienten. Heute ist dieses Gebiet mit Macchien bewachsen.

Die Balagne war seit dem Mittelalter eine fruchtbare und wohlhabende Region. Der Hafen von L'Ile-Rousse wurde im 18. Jahrhundert von ***Pascal Paoli*** angelegt. Der nach ihm benannte, von Platanen überschattete Platz ist heute das Herz eines viel besuchten Seebads. In Algajola

sind die Befestigungsanlagen und die Zitadelle ebenso wie in Calvi durch eine lange und ereignisreiche Geschichte hindurch erhalten geblieben. Die Langustenfischerei wurde eingestellt, nachdem der lange von Pinien gesäumte Strand eine Domäne des Tourismus wurde.

In der Balagne findet man viele Klippendörfer, die sich im Hinterland an den Hügeln emporziehen. Eines der bemerkenswertesten Dörfer ist Sant'Antonino. Dieselben malerischen Straßen findet man sowohl im nahe gelegenen Speloncato als auch in Cateri oder Feliceto.

Im Herzen der Insel, im Gebirge, erstreckt sich Ghisoni in einem schwer zugänglichen Tal im Schutz von Kyrie Eleison und Christe Eleison, zwei sagenumwobenen Felsen. Etwas weiter südlich, auf den Hängen des Monte Renoso, der im Winter Skigebiet ist, erinnern die Schafställe daran, dass Schafs- und Ziegenkäse, darunter der berühmte »Brocciu«, als Herzstück der korsischen Küche gelten. Aléria an der Ostküste war die Hauptstadt der römischen Provinz, nachdem sie zuerst unter phönizischer und dann unter karthagischer Herrschaft stand. Hier findet man bedeutende Überreste aus der Antike.

Im Süden Korsikas ist der weite Golf von Porto-Vecchio eingerahmt von archäologischen Stätten wie beispielsweise Arraggio und Torre. Weiter im Landesinneren erhebt sich die Festung von Cucuruzzu nahe dem Wald von Bavella und zieht sich die Hügel hinauf, gegen die sich die Felstürme von Bavella abheben. Diese bis zu 1600 Meter hohen, seltsam geformten Granitfelsen bilden den Hintergrund für die Dörfer Quenza und Zonza mit ihren soliden Gebirgshäusern. Im äußersten Süden streckt Bonifacio seine Felsen der sardischen Küste entgegen. Sartène vermittelt mit seinem Labyrinth aus gewölbten Durchgängen dasselbe mittelalterliche Flair. In der Region sind zahlreiche Megalithen zu finden, darunter die etwa einhundert Steine von Pallaggiu. Die bedeutendste prähistorische Stätte der Insel ist jedoch Filitosa, wo man neben Menhiren und Dolmen auch Steine findet, die zu Menschenskulpturen geschlagen wurden. Diese Region ist auch die Wiege des korsischen Weins, der schon vor unserem Zeitalter zwischen Propriano und Cargèse angebaut wurde.

Mit Ajaccio wird natürlich ***Napoleon Bonaparte*** assoziiert, dessen Epos in seinem Geburtshaus und im Napoleon-Museum geschildert wird. Der rote Porphyr der Sanguinaires-Inseln taucht gegenüber der Spitze von La Parata auf. Etwas weiter entfernt bildet er das Capo Rosso, das den Golf von Porto säumt und das von der UNESCO zum Weltkulturerbe erklärt wurde. In der Umgebung von Piana ist die Küste von roten oder rosafarbenen Felstürmen übersät, die durch die Erosion entstanden sind. Hierbei handelt es sich um die »Calanche«, eine der prächtigsten Landschaften der Insel, die das schöne Dorf Piana und seinen genuesischen, freistehenden Glockenturm überragt.

Lumio

Das im Herzen einer Region mit hohen Hügeln gelegene Lumio überragt den Golf von Calvi. Das von Olivenbäumen eingerahmte Dorf bietet einige Kilometer vom Monte Cinto entfernt wunderbare Aussichtspunkte. Der Monte Cinto erreicht als höchster Berg der Insel eine Höhe von 2710 Metern. Einige sehen in der Etymologie des Wortes »Lumio« das lateinische Wort »lumen«, das »Licht« bedeutet. Dies würde die Hypothese bestätigen, dass sich in den Fundamenten der kleinen romanischen Kirche San Pietro et San Paolo in der Nähe des Dorfes ein Tempel befand, der Apoll, dem Gott der Sonne und des Lichts, geweiht war.

Nussernte in der Corrèze

Maurice BARRES

Die Magie der Orte

Es gibt Orte, die die Seele aus ihrer Lethargie reißen, Orte, die von Geheimnissen umwoben, durchdrungen sind, von aller Ewigkeit dazu auserwählt, Sitz religiöser Ergriffenheit zu sein. Die schmale Wiese von Lourdes zwischen einem Felsen und seinem reißenden Bach; der melancholische Strand, von wo aus Saintes-Marie unsere Blicke nach Sainte-Baume leitet; der mit danteskem Schrecken behaftete steile Felsen von Sainte-Victoire, wenn man ihn vom Tal mit seiner blutgetränkten Erde aus angeht; das heroische Vézelay in Burgund; der Puy de Dôme, die Grotten von Les Eyzies, wo man die ersten Spuren der Menschheit verehrt; die Heide von Carnac, wo sich zwischen Heidekraut und Stechginster jene rätselhaften Steine erheben; der Wald von Brocéliande mit all seinen Geräuschen und Irrlichtern, wo der Zauberer Merlin an stürmischen Tagen noch in seinem Brunnen stöhnt; Alise-Sainte-Reine und der Berg Auxois: ein Felsvorsprung, über dem es fast immer regnet, und ein Altar, auf dem die Gallier zu Füßen ihrer Götter starben; der Mont Saint-Michel, der sich wie ein Wunder aus dem Treibsand erhebt; der schwarze Wald der Ardennen, ganz Beunruhigung und Mysterium, aus dem geniale Geister aus Tieren und Feen die fantastischsten Geschichten gewoben haben; schließlich Domremy, wo auf dem Hügel immer noch der Eichenwald emporragt, das noch immer seine drei Brunnen hat und die Kapelle von Bermont und nahe bei der Kirche das Haus der Jeanne d'Arc. Das sind die Tempel in freier Natur. Hier verspüren wir plötzlich das Bedürfnis, unsere kümmerlichen Fesseln zu sprengen, um uns in einem helleren Licht zu ergehen. Alle unsere Kräfte werden frei und schwingen sich auf den Flügeln des Gebets und der Poesie zu großartigen Darstellungen empor.

Das ganze Sein wird von den tiefsten Wurzeln bis zu den höchsten Gipfeln aufgewühlt, denn ein Gefühl von Spiritualität hat uns ergriffen, das alle unsere Kräfte erschüttert. Aber wir müssen auf Disziplin achten, denn sofort tauchen Aberglaube, Mystizismus und Zauberei auf, und die Plätze, die dazu bestimmt sind, Orte der Vervollkommnung durch das Gebet zu sein, werden zu Hexentanzplätzen.

Das ist es, was der tiefgründige Goethe aufzeigte, als sein Mephisto den Faust auf den vom germanischen Geist durchdrungenen Brocken im Harz führt, um dort die gottlose Liturgie der Walpurgisnacht zu feiern.

Woher aber strömt die Kraft dieser Orte? Entspringt sie der Erinnerung an irgendeine große historische Tat, der Schönheit einer ungewöhnlichen Stätte, dem Gefühl der Menschenmengen, die von Alters her dorthin pilgerten, um sich bezaubern zu lassen? Nein, ihre Kraft ist geheimnisvoller. Sie geht ihrem Ruhm voraus, und sie wird ihn überdauern. Auch wenn die schicksalsträchtigen Eichen gefällt werden, der Brunnen sich mit Sand füllt und die Pfade wieder zuwachsen, so verlieren diese merkwürdigen Orte nichts von ihrer Macht. Der Hauch ihres Orakels weht weiterhin über ihnen, auch wenn es keine Prophetin mehr gibt, die ihn einatmet. Und, zweifeln wir nicht daran: Es gibt in dieser Welt unendlich viele solcher spirituellen Orte, die man noch nicht entdeckt hat, gleich jenen verschleierten Seelen, deren Größe keiner je erkannt hat. Wie oft haben wir nicht schon an einem glücklichen Tag tiefer Empfindungen eine Waldlichtung entdeckt, eine Bergeshöhe, eine Quelle, eine schlichte Wiese, die uns eingaben, unsere Gedanken zum Schweigen zu bringen und noch tiefer zu hören als es selbst unser Herz vermag! Still! Die Götter sind hier! Berühmt oder unbekannt, vergessen oder im Werden, solche Orte ergreifen uns, machen uns unmerklich eine Ordnung bewusst, die über derjenigen steht, in der normalerweise unser Leben kreist.

La Colline inspirée (Der inspirierte Hügel), Plon, 1913

Nicolas BOILEAU

Haute-Isle bei La Roche-Guyon *

Ja, Lamoignon, ich entfliehe den Kümmernissen der Stadt:
Vor ihnen gibt nur das Land mir Asyl.
Willst Du ein Bild seh'n vom Ort, der mich bannt?
Ein kleines Dorf ist's, ein Weiler fast nur,
erbauet am Hang einer langen Kette von Hügeln,
von wo aus das Aug' sich verliert im Grunde anderer Täler.
Die Füße der Berge umspült von den Wogen der Seine,
die zwanzig Inseln aus ihrem Schoße gebiert.
Zerschneiden den Lauf ihr in vielfache Muster
und machen so zwanzig aus nur einem Fluss.
Frei wachsen am Ufer die Weiden,
Nussbäume, vom Wandrer geplündert.
Eine steinerne Bühne, hoch oben das Dorf.
Wer dort haust, hat weder Kunde von Kalk noch von Gips.
Doch weiß in den Fels er, der nachgibt und freundlich sich bildet,
die Wohnstatt zu graben mit eigener Hand.
Das Haus nur des Herrn ist geschmückt mit dürftigem Zierrat,
und tritt, von Mauern umgürtet, hervor;
als erstes erblickt es des Morgens die Sonne,
und der Berg schirmt es ab vor den Winden des Nordens.
Dort nutzt, lieber Freund, mein Verstand jene Zeit,
die die Parze im Faden des Lebens mir spinnt.
Hier, wo ein enges Tal meine Wünsche beschränkt,
wird, umsonst fast, mir wahres Behagen beschert.
Mal wand'r ich, ein Buch in der Hand, durch Flure und Auen,
entführ' meinen Geist in sinnige Träume.
Mal such' ich den Schluss eines Verses, den grade ich schreibe,
und finde im Wald irgendwo das Wort, das noch fehlt.
Mal fange ich scherzend den Fisch, der gierig sich zeigte
am Haken des tückische Köders.
Mal feure im Blitz ich die Kugel hinauf,
bekriege die Herrscher der Lüfte.
Zurück, ist der Tisch mir schlicht, jedoch sauber gedeckt
und bietet ein schmackhaftes ländliches Mahl.
Fernab von Broussains beengenden Dogmen
ist köstlich der Trank, bekömmlich die Kost,
geliefert vom Haus, von der Bäuerin bereitet,
würzt Hunger die Speise viel besser als Bergerat es vermag.
Oh glückliches Weilen in Paradieses Gefilden!
Ach könnt' ich doch nur, eure prächtigen Wiesen durchstreifend,
mein unstetes Leben beenden
und, von euch alleine gekannt, die übrige Welt ganz vergessen.

** übertragen von Hans Scherer*
Epître VI (Epistel VI), 1683

Pierre BORDAS

In der Haute-Corrèze

Von all meinen frühen Erinnerungen sind mir die Schulferien am meisten im Gedächtnis geblieben. Dann fuhren meine Eltern, meine Brüder, Schwestern und ich in die Corrèze in das große Haus, das mein Großvater hatte erbauen lassen. Wir trafen dort auf gleichaltrige Cousins und nahmen unsere gewöhnlichen Angel- und Jagdspiele, die Ausflüge mit dem Fahrrad und die querfeldein führenden Verfolgungsjagden wieder auf.

Ussel-Neuvic-Egleton stellt mein magisches Dreieck dar. Ich besuche diesen Teil der Erde, wo ich viele glückliche Stunden verbracht habe, gern wieder. Es ist ein armes Land, voller Rauheit, stark hügelig: Wälder und Dickicht, mit Heidekraut bedeckte Kuppen, mit wilden Gräsern bewachsene Weiden, die von Farnkraut und Ginster gesäumt werden, wechseln sich hier ab; offene, mit Gras bewachsene Heidelandschaften, auf denen Birken mit weißen Stämmen und zitternden Blättern wachsen, verleihen der Gegend ein Aussehen voller melancholischer Gelassenheit. In alten Dörfern stößt man auf schwere, mit Strohdächern bedeckte Häuser, die Namen tragen, die aus einer anderen Welt zu stammen scheinen: Péllasiauve, Auchebis, Pinchelimore, Combressol, Ambouérime, Lestauvert. In nordwestlicher Richtung entdeckt man vorm Hintergrund des Horizonts die blaue Wand der Berge der Auvergne. In den Tälermulden trifft man auf kleine Bäche oder Flüsse, die sanft dahinfließen. Ihr Wasser scheint von Forellen zu zittern, und manchmal schlängelt es sich durch die enormen Felsen, die es umgeben, dahin. Im Laufe meiner Reisen (die sehr zahlreich waren, als ich noch als Kommissar in der Transat arbeitete) traf ich auf viele Heimatlose, und hundert Mal habe ich sie mir die folgenden Worte sagen hören: »Sie wissen nicht, wie glücklich Sie sich schätzen können, eine Heimat zu haben. Eine Heimat, das sind Vater und Mutter, die in einer einzigen Person vereint sind.« Zweifellos idealisiere ich die Corrèze, den mir heiligen Boden, indem ich mich von der Nostalgie meiner jungen Jahre dahinreißen lasse. Sei es Traum, Realität oder eine idealisierte Erinnerung; ich finde meine Heimat genau in diesem Moment wieder, genau so, wie ich sie liebe, strahlend und voller Leben.

Mein Großvater väterlicherseits war viel herumgereist, bevor er sich in Palisse niederließ. Seit er vierzehn Jahre alt war, war er – wie alle Jungen der Gegend – losgezogen, um sein Glück zu suchen: Die einen ließen sich als Tuchhändler nieder, die anderen als Kellner in Cafés; mein Großvater hatte sich sein Wissen und seine Kraft in Belgien, Holland und dann in Deutschland angeeignet. Bei seiner Rückkehr hatte er in der Mitte des kleinen Marktfleckens »ein Gut« – ein zusammenhängendes Stück Land – erworben, indem er einige vereinzelte Parzellen vereint hatte: ein Feld, auf dem der Weizen wuchs (in Wahrheit handelte es sich um Roggen), der zur Brotherstellung geerntet wurde, eines, auf dem Buchweizen wuchs, dessen schwarzes Korn dem Geflügel und den Schweinen als Nahrung – und uns zur Herstellung der Galetten, die wir »pompes« nannten – diente und letztendlich ein Feld auf dem Kartoffeln angebaut wurden, die sowohl die Nahrung des Menschen als auch die der Tiere waren. Angrenzend befand sich ein immergrünes Feld, das von den »serres« (Reservaten) bewässert wurde und auf das auch die Jauche aus dem Stall geleitet wurde. Der Stall war auf dem der Wiese gegenüberliegenden Hügel errichtet worden, und in ihm befanden sich neben Schweinen auch vier oder fünf Kühe. Jede von ihnen kalbte einmal pro Jahr, und wir verkauften das junge Tier auf dem Markt von Neuvic. Auf der Wiese graste auch Polka, eine Eselin, die etwas schreckhaft war und in deren Nähe wir uns nicht zu sehr trauten.

Oberhalb des Stalls befand sich ein mir riesenhaft erscheinender Kasten, der sich zur Straße hin öffnete. Dort lagerte man die Weizengarben und das Heu, das nach allen Gerüchen des Sommers und des Herbstes duftete. Wie viele Kinder dieses ausgehenden Jahrhunderts kennen wohl diesen in seiner Gesamtheit starken und zarten Duft, der uns berauschte und den ich hier wieder hervorrufe? Mein Großvater, der ein besonders kräftiger und hübscher Bursche war, erfreute sich nach seiner Rückkehr aufs Land dem Ruf desjenigen, der gereist war, doch er hatte sich auch eine hübsche Summe angespart, die es ihm erlaubte, dieses kleine Stückchen Erde zu erstehen. Er hatte die Lehrerin der Gegend, meine Großmutter, geheiratet. Sie war eine der ersten Grundschullehrerinnen, die in den 80-er Jahren des 19. Jahrhunderts von Jules Ferry, dem Gründer der laizistischen Schule, eingestellt wurden. Die Schule war kostenfrei, und ihr Besuch war zwingend für alle.

Die Ausgabe ist ein Abenteuer, Fallois Verlag, 1997

Alphonse DAUDET

Das Elsass

Wie hießen doch gleich all diese kleinen Dörfchen im Elsass, auf die wir hier und da entlang der Straßen trafen? Ich erinnere mich keines einzigen Namens mehr, doch besonders die Dörfchen im Departement Haut-Rhin gleichen einander so sehr, dass es mir – nachdem ich sie alle zu verschiedenen Tageszeiten gesehen habe – so erscheint, als hätte ich nur ein einziges gesehen; die große Straße, die kleinen, in Bleirahmen gefassten Fenster, geschmückt mit einer Girlande aus Hopfen und Rosen, die Türen mit ihren Lichtfenstern, in denen die Alten lehnten und ihre großen Pfeifen rauchten und aus denen die Frauen sich beugten, um ihre auf der Straße spielenden Kinder zu rufen ... All dies lag morgens, wenn wir vorbeigingen, im Schlaf. Kaum dass wir das Rascheln des Strohs in den Ställen oder den hechelnden Atem der Hunde hörten, die auf den Türschwellen kauerten. Zwei Orte weiter erwachte das Dorf aus dem Schlummer. Man hörte, wie die Fensterläden geöffnet wurden, das Scheppern der Eimer, das Rauschen der vollen Bäche; schwerfällig stapften die Kühe zur Tränke und verscheuchten mit ihren langen Schwänzen die Fliegen. Ein Stückchen weiter fanden wir immer noch dasselbe Dorf vor, doch hüllte es sich diesmal in die große Stille eines Sommernachmittags. Man hörte nichts als das Summen der Bienen, die entlang der Kletterpflanzen bis zu den Dächern der Hütten hinaufkrochen, und den schleppenden Singsang aus der Schule. Manchmal trafen wir in einer abgelegenen Ecke nicht mehr im Dorfe, sondern bereits auf dem Land, auf ein zweistöckiges weißes Haus, an dem man eine ganz neue und noch glänzende Versicherungsplakette, das Schild eines Notars oder die Klingel eines Arztes entdeckte. Als wir vorbeigingen, hörten wir, wie jemand einen Walzer auf dem Klavier spielte, und eine schon alte Weise klang durch die grünen Fensterläden auf die sonnenüberflutete Straße. Später dann, als es dämmerte, wurden die Tiere nach Hause getrieben, und man trug die Spinnräder zurück ins Haus. Ringsum herrschte viel Lärm und Bewegung. Das ganze Dorf stand auf den Türschwellen, Gruppen kleiner blonder Kinder spielten auf der Straße, und die Fensterscheiben erglänzten in einem breiten Strahl der untergehenden Sonne, der von irgendwo gekommen war.

Mit Freude erinnere ich mich auch an die elsässischen Dörfer am Sonntagmorgen, zur Stunde des Gottesdienstes; verlassene Straßen, leere Häuser, nur ein paar Greise, die sich vor den Türen ihrer Häuser in der Sonne aufwärmten; die Kirche voller Menschen, ihre bunten Glasfenster leuchteten in ihren hübschen blassen Farben und Rosatönen, wie sie die Kerzen bei Tageslicht haben. Der volle Gesang, der einem im Vorübergehen ans Ohr drang, und ein Messdiener, der in einer scharlachroten Soutane über den Platz eilte, barhäuptig, das Weihrauchgefäß in der Hand, um sich beim Bäcker Feuer zu holen ...

Manchmal gingen auch ganze Tage dahin, ohne dass wir ein Dorf betraten. Wir wanderten durch das Dickicht, über von Bäumen gesäumte Wege, durch diese kleinen, zarten Wälder, die am Ufer des Rheins stehen, dort, wo sein schönes grünes Wasser sich in den sumpfigen Nebenarmen verliert, über denen es von Insekten wimmelt. Von Zeit zu Zeit sahen wir durch das feine Netz der Zweige, dass der große Fluss Flöße trug, mit Gras beladene Boote, das auf den Inseln geschnitten worden war; sie sahen selbst aus wie kleine verstreute Inseln, die vom Strom herangetrieben worden waren. Dann trafen wir auf den Rhein-Rhône-Kanal mit seinem langen von Pappeln gesäumten Ufer. Ihre grünen Wipfel berührten sich in diesen vertrauten und fast intim wirkenden Wassern, wie sie zwischen den engen Ufern eingeschlossen sind. Hin und wieder entdeckten wir am Ufer die Hütte eines Schleusenmeisters, Kinder, die mit nackten Füßen auf Balken der Schleuse herumliefen, und große Flöße, die im hervorschießenden Schaum langsam dahintrieben und dabei die gesamte Breite des Kanals einnahmen. Später, als wir der gewundenen Wege und des Umherwanderns müde waren, kehrten wir zurück auf die gerade weiße Landstraße, die mit frischen Schatten spendenden Nussbäumen bepflanzt war und hinauf nach Basel führte. Zur Rechten sah man die Bergkette der Vogesen, zur Linken den Schwarzwald.

Contes du Lundi (Montagserzählungen), 1873

Alphonse DAUDET

Der Leuchtturm der Sanguinarien

Stellen Sie sich eine rötliche und unnahbar wirkende Insel vor, am einen Ende ein Leuchtturm und am anderen ein alter genuesischer Turm, in dem zu meiner Zeit ein Adler nistete. Unten, am Ufer, befanden sich die Ruinen eines Lazaretts, das ringsum von Gras überwuchert war; dann traf man auf Schluchten, auf Dickicht, auf große Felsen, auf einige wilde Ziegen und auf kleine korsische Pferde, die mit wehender Mähne umhertrotteten. Schließlich gelangte man dort oben, ganz oben, zwischen Meeresvögeln, die wirbelnd durcheinander schossen, zum Leuchtturmgebäude mit seiner Plattform aus weißem Mauerwerk, auf der die Wärter hin- und hergingen, mit seiner grünen Spitzbogen-Tür, dem kleinen gusseisernen Turm und oben der dicken Facettenlampe, die in der Sonne blitzte und so selbst bei Tag Licht spendete ... Dies war die Insel der Sanguinarien. Hierher, auf diese zauberhafte Insel, zog ich mich, bevor ich eine Mühle hatte, manchmal zurück, wenn ich freie Luft atmen und allein sein wollte.

Was ich dort tat? Dasselbe, was ich hier tue, sogar noch weniger. Wenn der Mistral oder die Tramontana nicht zu stark wehten, setzte ich mich zwischen zwei Felsen direkt am Wasser nieder. Umgeben von großen Möwen, Amseln und Schwalben, verweilte ich den ganzen Tag in dieser Art Erstarrung und köstlicher Verwunderung, in die uns der Anblick des Meeres versetzt. Sie kennen ihn doch sicherlich, diesen wunderbaren Rausch der Seele? Man denkt nicht, und man träumt auch nicht. Unser ganzes Wesen löst sich von uns ab, verflüchtigt sich, verstreut sich in alle Winde. Man ist die tauchende Möwe, der Meeresschaum, der im Sonnenlicht zwischen zwei Wellen treibt ... man ist alles: diese Wasserperle, dieser Nebelfetzen, alles, außer man selbst ... Ach! Wie viele von diesen herrlichen Stunden des Halbschlafs und des Selbstvergessens habe ich auf meiner Insel verbracht!

An Tagen, an denen ein starker Wind ging, konnte man sich nicht am Wasser aufhalten, und ich suchte, umhüllt vom Duft des Rosmarins und des wilden Wermuts, Zuflucht im Hof des Lazaretts, ein kleiner und traurig wirkender Hof. Und dort, gegen ein Stück alte Mauer gelehnt, ließ ich mich ganz sacht erobern von der Duftwoge der Verlassenheit und der Trauer, die mit der Sonne durch die Steinnischen herein schwappte, die wie alte Gräber rundum eröffnet waren.

Gegen fünf Uhr rief mich das Megaphon der Wächter zum Abendessen. Ich nahm dann den kleinen Pfad, der durch das Gestrüpp vom Meer aus zur Spitze führte, und kletterte in steilem Anstieg langsam wieder zum Leuchtturm hoch. Bei jedem Schritt drehte ich mich nach diesem immensen Horizont um, der nur aus Wasser und Licht bestand und der sich mit jedem Schritt, den ich aufstieg, auszudehnen schien.

Dort oben war es überaus angenehm. Ich erinnere mich noch immer an den großen Essraum mit den breiten Bodenfliesen und der Eichenholztäfelung. Inmitten des Raumes dampfte die Fischsuppe, die große Türe öffnete sich zur weißen Terrasse hin, und jeder, der eintrat, wurde gastlich aufgenommen ... Die Wächter warteten dort auf mich, damit wir uns zu Tisch setzen konnten. Sie waren zu dritt, zwei Korsen und ein Mann aus Marseille. Alle drei waren klein und bärtig, hatten die gleichen gegerbten und zerfurchten Gesichter. Sie trugen den gleichen pelone, einen Umhang aus Ziegenfell, jedoch auf ganz unterschiedliche Weise, jeder nach seinem eigenen Lebensgefühl. Der Marseiller war umtriebig und lebhaft, stets geschäftig, immer in Bewegung, er lief von morgens bis abends auf der Insel umher, widmete sich der Gartenarbeit, ging zum Fischen, sammelte Lachmöveneier und lauerte im Dickicht vorbeikommenden Ziegen auf, um sie zu melken. Und stets hatte er etwas Knoblauch oder Bouillabaisse bei sich. Die Korsen kümmerten sich außerhalb des Dienstes um gar nichts. Sie hielten sich für Beamte und verbrachten die Tage in der Küche, wo sie endlose Partien Scopa spielten. Sie unterbrachen ihr Spiel nur, wenn sie mit gravitätischem Gesicht ihre Pfeifen neu anzündeten oder wenn sie große grüne Tabakblätter, die sie in den Handflächen hielten, mit einer Schere zerkleinerten ...

Lettres de mon moulin (Briefe aus meiner Mühle), 1869

Gustave FLAUBERT

Auf Korsika

In Vico beginnt man zu verstehen, was ein korsisches Dorf eigentlich ist. Es liegt auf einer Anhöhe in einem großen Tal und ist von allen Seiten her von Bergen überragt, die es trichterförmig umschließen: Das Gebirgssystem Korsikas ist nicht wirklich ein System. Man stelle sich eine in der Mitte geteilte Orange vor: Das ist Korsika. Tief unten in den Tälern hin und wieder ein Dorf, und will man zur nächsten Ansiedlung gelangen, so braucht man dazu einen halben Tagesmarsch und muss dabei auch schon einmal drei oder vier Berge überwinden. Das Land ist überall verlassen; dort, wo es nicht mit Dickicht bewachsen ist, ist es eben, doch auch da trifft man nicht auf mehr Behausungen, denn die Bauern bewirtschaften ihre Felder noch so wie die Araber: Im Frühjahr steigen sie herab, um zu säen, und im Herbst kehren sie zurück, um zu mähen. Ansonsten bleiben sie zu Hause, ohne auch nur zweimal im Jahr von dem Felsen herabzusteigen, auf dem sie leben, ohne etwas zu tun, untätig, genügsam und sittsam. Vico ist die Heimat des berühmten Théodore, dessen Name auf ganz Korsika immer noch einen heldenhaften Klang hat. Er hatte zwölf Jahre lang das Leben in der Macchia ertragen und wurde erst durch einen Verrat getötet. Er war ein einfacher korsischer Bauer, den alle liebten und den alle noch immer lieben. Ein Bandit mit edlem Herz, ein Held. Er war für den Militärdienst erfasst worden und wartete in seiner Hütte darauf, dass man ihn warnte. Sein Kumpel, der örtliche Brigadier, hatte versprochen, ihm rechtzeitig Bescheid zu geben. Eines Morgens aber erschien plötzlich die Armee bei ihm und zerrte ihn im Namen des Königs aus seiner Hütte. An der Spitze der kleinen Einheit stand sein Freund, der ihn, wohl um sich beliebt zu machen und seinen Eifer im Dienste am Staat unter Beweis zu stellen, rundweg abführen lassen wollte und dabei zum feigen Verräter wurde. Aus Angst, er könne ihm entkommen, legte er ihm Handschellen an und sagte: »Freund, du wirst mir nicht entkommen«, und jedermann weiß auch heute noch zu berichten, dass Théodores Handgelenke von diesen Handschellen wund gescheuert wurden. Der Brigadeführer brachte ihn nach Ajaccio, wo er vor Gericht gestellt und zu einer Galeerenstrafe verurteilt wurde. Nach der Rechtsprechung der Richter war nun jedoch die des Banditen an der Reihe. Er entkam noch am selben Abend und schlief im Gestrüpp der korsischen Macchia. Am folgenden Sonntag fand sich Théodore nach im Anschluss an die Messe auf dem Dorfplatz ein und der ganze Ort, einschließlich des Brigadiers, stand um ihn herum. Da tat Théodore es diesem gleich und rief ihm von weitem zu: »Freund, du wirst mir nicht entkommen.« Er entkam ihm dann tatsächlich auch nicht und fiel mit einer Kugel im Herzen zu Boden. Das war das erste Opfer von Théodores Rache. Der Bandit kehrte in die Macchia zurück und verließ sie nur noch, um weitere Familienmitglieder des Brigadiers und Gendarmen zu töten, von denen er an die vierzig umbrachte. Immer, wenn er mit dem Gewehr einen Schuss abgefeuert hatte, verschwand er des Abends und zog sich in einen anderen Distrikt zurück. So lebte er zwölf Winter und zwölf Sommer, stets großzügig, die Schäden, die andere erlitten hatten, wieder gutmachend, sich für diejenigen einsetzend, die sich an ihn wandten, äußerst empfindlich in Fragen der Ehre. Er führte ein fröhliches Leben, begehrt von den Frauen, die ihn wegen seines guten Herzens und seines hübschen Aussehens liebten, so dass er gleich drei Liebhaberinnen auf einmal hatte. Eine von ihnen, die schwanger war, als er getötet wurde, sang über dem Körper ihres Geliebten eine Ballade, die mein Führer für mich nachsang. Sie beginnt mit den Worten: »Trüge ich nicht deinen Sohn unter dem Herzen, der geboren werden muss, um dich zu rächen, so käme ich, um dich, meinen Théodore, wiederzutreffen!«

Auch sein Bruder war Bandit, doch er besaß weder Théodores Großzügigkeit noch dessen hübsches Äußeres. Nachdem er mehrere Tage lang die Dienste eines Pfarrers aus der Umgebung in Anspruch genommen hatte, wurde dieser der Gewalttätigkeiten des Banditen überdrüssig und brachte ihn um. Es gelang ihm, ihn zu sich zu locken, dann fiel er zusammen mit einigen Männern, die im Hinterhalt gelauert hatten, über ihn her. Die Schwester des Banditen war durch den Lärm all dieser Männer, die sich kämpfend auf dem Boden wälzten, aufmerksam geworden und drang sogleich ins Pfarrhaus ein, wo sie die Leiche ihres Bruders fand. Sie stürzte sich auf den leblosen Körper, kniete sich auf ihm nieder und sang in dieser Haltung eine Ballade, während sie entsetzliche Schreie ausstieß und die ganze Zeit über das Blut aufleckte, das aus seinen Wunden floss.

Man darf die Sitten Korsikas auf keinen Fall aus der Sicht unserer engstirnigen europäischen Vorstellungen beurteilen. Hier ist ein Bandit durchweg der ehrlichste Mann im Lande, und es wird ihm in der Anerkennung und der Sympathie des Volkes all das zurückgegeben, was ihm im Exil an sozialer Sicherheit abgeht. Am helllichten Tage tötet ein Mann auf dem Dorfplatz seinen Nachbarn, er flieht in die Macchia und verschwindet für immer. Außer einem Familienmitglied, das mit ihm Kontakt hält, weiß niemand, was aus ihm geworden ist. So schlagen sich diese Banditen zehn, fünfzehn, manchmal sogar zwanzig Jahre durch. Wenn die Zeit ihrer Verbannung vorbei ist, kehren sie als Auferstandene nach Hause zurück und nehmen ihr früheres Leben wieder auf, ohne dass etwas Unehrenhaftes an ihrem Namen haftet. In Frankreich würde man sagen, dass man nicht durch Korsika reisen kann, ohne auf einen früheren Banditen zu treffen, denn man begegnet ihnen überall. Lachend erzählen sie einem ganz von selbst ihre Geschichte. Sie glorifizieren ihre Taten eher, als dass sie ihretwegen Scham empfänden. Stets bricht die tödliche Feindschaft wegen eines Ehrenhändels aus, vor allem, wenn eine Frau im Spiel ist, und pflanzt sich dann unter Umständen über Jahrhunderte hinweg bis zu den Urenkeln fort, lebendiger noch als der Hass zwischen den Völkern und genauso unausrottbar.

Manchmal leisten die Banditen einen Eid in der Art der Barbaren. Ein solcher Eid ist bindend bis zu dem Tag, an dem die Rache vollzogen ist. Man hat mir von einem jungen Korsen erzählt, dessen Bruder erstochen worden war. Er ging in die Macchia zu dem Platz, an dem man die Leiche niedergelegt hatte, beschmierte sich Gesicht und Hände mit Blut und schwor vor seinen Freunden, dass er sich nicht eher waschen würde, bis der letzte Angehörige der verfeindeten Familie getötet sei. Er hielt sein Wort und löschte alle aus bis hin zu den Cousins und Neffen.

In Isolacio sah ich heute bei Kapitän Lausaler, bei dem ich untergebracht bin, einen braven Mann, der Arzt in den republikanischen Armeen war und dessen Sohn in die Toskana geflohen war. Auch er selbst hatte sich genötigt gesehen, das Dorf, in dem er lebte, zu verlassen. Seine Tochter hatte sich von dem Vater ihres Kindes verführen lassen. Dieser erkannte das Kind zwar als seinen Sohn an, weigerte sich jedoch, das arme Mädchen zu heiraten und dem Kind seinen Namen zu geben. Dieser Kränkung fügte er noch die Ironie hinzu, zu versichern, er werde sich bald anderweitig verheiraten, und öffentlich die Familie seiner Geliebten lächerlich zu machen. Die Sache endete damit, dass der Sohn des Hauses für die verlorene Ehre Rache nahm, ganz so wie ein Korse sich rächt, am helllichten Tag, vor aller Augen. Er selbst floh auf italienischen Boden, während sein Vater und dessen Eltern, die die Blutrache fürchteten, in den Fiumorbo auswanderten. (...)

Korsika erinnert noch in vielem an die Antike: Charakter, Farbe, Form der Köpfe. Man denkt an die alten Schäfer Latiums, wenn man diese mit groben roten Stoffen bekleideten Männer sieht. Sie haben einen blassen Teint und glühende, tiefschwarze Augen. Etwas Passives liegt in ihrem Blick, etwas Feierliches in all ihren Bewegungen. Man begegnet diesen Schäfern, wenn sie ihre Herden vor sich hertreiben, die die jungen Triebe des Dickichts und das Gras abweiden, das zwischen den Granitspalten der Berge wächst. Sie leben mit ihren Tieren, allein auf dem Land, und wenn man abends unterwegs ist, sieht man plötzlich hier und da, wie die Schafe unter den Bäumen aus dem Dickicht hervorkommen, um an Brombeersträuchern fressen. Sie sind lose in der Gegend zerstreut und bringen bei jedem ihrer Schritte im Gebüsch ihre Glöckchen zum Klingen. In einiger Entfernung hält sich der Schäfer auf, ein kleiner, dunkler und stämmiger Mann, ein wahrhaft antiker Hirte, der sich traurig auf seinen langen Stab stützt. Zu seinen Füßen schläft sein Hund, ein fahlgelbes Tier. Wenn die Nacht hereinbricht, kommen sie alle zusammen und entfachen unten in den Tälern große Feuer, deren Widerschein die Berge erhellt. So sind die Hänge Abend für Abend von Lichtpunkten gekrönt, die sich bis zum Horizont hin erstrecken. In allen Wäldern, die ich durchquert habe, sah ich große, verkohlte Pinien, die noch aufrecht standen. Sie werden von den Schäfern angezündet, aber nicht gefällt, und so verbringen sie die Nacht in der Nähe dieser hundert Fuß hohen Scheite. Sie gewähren dem Esel Zutritt, der bedächtig herankommt, um sich an ihrem Feuer zu wärmen, und so erwarten sie schlafend oder singend den Anbruch des neuen Tages. Besonders erstaunt über die antike Physiognomie der Korsen war ich bei einem jungen Mann, der uns am darauf folgenden Tag bis nach Guagno begleitete. Er saß auf einem kleinen Pferd, das bei jedem Schritt auszubrechen versuchte; seine rote Mütze hing ihm nach vorn herab wie die Freiheitsmütze der Revolution. Nur eine einzige Linie, die im rechten Winkel von einer Augenbraue geschnitten wurde, verlief von der hohen Stirn bis hin zur Nasenspitze; er hatte einen schmalen und feingezeichneten Mund, einen schwarzen gelockten Bart wie auf den Kameen Cäsars; mit seinem kantigen Kinn hatte er das Profil eines Kopfes auf einer römischen Münze.

Par les Champs et par les Grèves (Über Felder und über Gestade), 1847/1848

Jean GIONO

Im Dauphiné *

Mens ist eine Ortschaft, die etwas größer ist als unsere Dörfer hier; es liegt in einer sanft geschwungenen Mulde, und der Boden dort ist gutwilliger und nachgiebiger als hier. Es muss da früher ein paar Großbauern gegeben haben (Es fängt stets mit den Bauern an). Die Ernten müssen für die Familien zu reich gewesen sein, und sie müssen wohl überreichlich zu essen gehabt haben; dann sind Handwerker gekommen. Es war gleich ein gutes Einvernehmen, und alles ging freundschaftlich zu; denn ebenso wie man Korn braucht (wir wollen uns ein für allemal recht verstehen; wenn ich Korn sage, meine ich Nahrung, alles, was uns ernährt; ich brauche diese Bezeichnung absichtlich; denn jeder Mensch hat einmal einen Kornhaufen gesehen, und ich will mit diesem kurzen Wort in vier Buchstaben sagen »ein Gewimmel von Nahrung« wie ein Kornhaufen, in dem Millionen und aber Millionen Getreidekörner enthalten sind), also, ebenso wie man Korn braucht, braucht man Schuhe, Leinenjacken, Hufeisen, Schlösser für die Türen, Umschlagtücher für die Frauen und Mädchen, Männer, die Handwerkszeug herstellen, Leute, die Rohstoffe verarbeiten, Handwerker und sogar den, der auf der Ziehharmonika spielt oder die Flöte bläst, alle, die etwas schaffen. Und ich spreche ausdrücklich von den Letzteren, damit man weiß, dass ich, der Bauer, die Arbeit des Geistes anerkenne (jene, die man nicht sieht, würde der Makler sagen). Ich brauche sie viel nötiger als alle anderen, und deshalb ist mein Tisch mit viel Freude auch für sie gedeckt, und auch meine ganze Familie ist bereit, sie aufzunehmen und zu feiern – den Sänger oder den, der ein Musikinstrument spielt oder den Dichter oder den Maler! Es gibt bei uns zum Beispiel Hirten, die die Gabe haben, zu erzählen; nun, wir lieben sie sehr. Zuweilen gibt es in der befreundeten Nachbarschaft Bauern oder kleine Grundbesitzer, die das haben, was wir »La tête héroique« nennen; sie machen Gedichte und schreiben sie auf kleine Papierstreifen; manchmal sagen sie sie uns auf, oder die Kinder müssen sie bei Taufen und Hochzeiten aufsagen. Wir schätzen und achten diese Männer sehr, wir hören ihnen gerne zu; denn es ist wirklich nicht alles heiter, selbst nicht in der friedlichsten der Freuden, und man braucht zuweilen trunkene Worte. Ja, wir sprachen eben von Taufen! Da werden Lieder und Musik gebraucht! Wenn die Gevatterin das Kind über die Felder trägt, um ihm gleichsam seinen ganzen weiten Besitz zu zeigen – ich spreche von dem Besitz, der ohne Grenzen ist und der allen Kindern gehört. Die Gevatterin hat ihre feinen Schuhe angezogen, und man sollte meinen, sie könne gar nicht mehr in der Ackerfurche gehen. Wenn man da eine Geige hat, die singt, oder eine Flöte oder was ihr sonst wollt, Piston oder Klarinette, das macht sich wundervoll im hellen Sonnenschein, mit all den Menschen, die sich mit einem Mal dem Rhythmus anpassen, wie im Tanz, und dabei aussehen wie große Vögel – wegen der bunten Farben ihrer Sonntagskleider. Und bei den Hochzeiten, da wir gerade vom Tanz sprechen: all die geblümten Röcke und die weißen Unterröcke mit den vielen Rüschen, dieser weiße Schaum der Wäsche unter den Frauenröcken, er ist wie Sahne, die von den schönen tanzenden Beinen gleichsam »gebuttert« wird, dicht über dem Grasboden, unter den Kastanien, während die Musik spielt. Ihr werdet mir sagen: »Das sind Dorfmusikanten«; wir antworten euch: »Andere wären uns ebenso recht! Vielleicht wäre es sogar ehrenvoller und auch vorteilhafter – was die Gesundheit anbelangt – für all die berühmten Musiker, hier zu arbeiten und dabei an eure Freigebigkeit, die von Herzen kommt, zu denken, anstatt in einer Stadt wie Paris zu arbeiten, die das ist, was man eine knauserige Stadt nennt.

Und bei einem Todesfall – welch Geheimnis – wenn jemand seinen Stuhl neben den deinen rückt, auf dem du niedergeschlagen sitzest und er beginnt zu sprechen – dann kehrt die Hoffnung in dein Herz zurück, so wie die Erde im Frühling vom jungen Getreide gesprengt wird.

Handwerker aller Art, schöpferische Kräfte brauchen wir!

So entstand nach und nach um den Bauernhof der Ort: eine Gemeinschaft schöpferischer Menschen! Er ist es auch heute noch. Wenn wir Schuhe und Jacken brauchen, gehen wir dorthin und lassen sie anfertigen. Und alle wissen, dass wir am liebsten zu dem Schneider gehen, der neben der alten Halle wohnt; denn er zeigt eine besondere Gabe beim Zuschneiden des Samtes, und nie drückt eine Jacke oder sitzt unbequem; geht man indessen zu dem, der gegenüber der Gendarmerie wohnt, so ist man nie sicher, ob er etwas Gutes machen wird; manchmal passt es, doch ein anderes Mal ist nichts zu wollen, die Jacke ist so unbequem, als sei sie aus Marmor (was nur beweist, dass es gar nicht so leicht ist, eine Jacke zu schneidern, und dass es wirklich eine Gabe ist; denn der, der so geschickt ist, ist ein Trinker, und wenn er arbeitet, ist er wie toll; während der andere das ist, was man einen»feinen Herrn« nennen könnte. Also muss es doch eine wertvolle Gabe sein, gute Anzüge machen zu können. Nicht jeder, der es möchte, bringt es fertig).

Doch du, Makler, was tust du in diesem Ort, dessen alte Straßen so anheimelnd sind, wenn es Abend wird? Sie sind für die Arbeit und den Frieden der Handwerker geschaffen worden. Auf uns andere, die wir draußen auf dem flachen Lande leben, wartet drüben auf dem Hof der Karren; das Pferd ist am Stamm der Linde festgebunden. Wir müssen nun heimkehren. Wir gehen durch die Straßen, und sie sind so friedlich, dass du es dir gar nicht vorstellen kannst; sie sind nur durch das schwache Licht der Kaufläden erleuchtet, die je nach dem Handwerk verschiedenes Licht haben: mit der roten Lampe des Schusters; auf den großen Lampenschirm hat er Schattenbilder geklebt, kleine Männchen, die er aus Zeitungen ausgeschnitten hat: Minister, Generäle und Bischöfe. Er hat ihnen allen groteske Stellungen gegeben. Wir bleiben stehen, sie zu betrachten und ihn, der gerade sein Leder klopft oder das Nahtfutter einnäht. In dem dunklen, völlig unbeleuchteten Teil der Straße, der nun folgt, errät man nur die Haustüren; dahinter wohnen unsere Brüder – die Bewohner der kleinen Stadt und die Arbeiter, die in den Tongruben arbeiten. Und bald kommt auch das weiße Licht des Blechschmiedes mit den vielen Reflexen auf dem hellen Metall. Man hört ihn hinten in seiner Werkstatt hämmern; es sind Eimer für die Brunnen; wir wissen es, und wir wissen auch, für wen sie bestimmt sind, in welche Brunnen sie hinabgelassen, welches Wasser sie heraufbringen und welche Arme die Kette hochziehen werden. Es ist eine geringfügige Sache, gewiss; doch es verbindet uns mit vielem. Wir sehen den Schneider, der auf seinem Brett sitzt – eben den, der ein bisschen verrückt ist– er reckt den Arm in die Luft, den Faden zwischen den Fingerspitzen, und wie er so dasitzt, den großen Mund unter dem braunen Bart weit geöffnet, sieht er aus, als sei er höchst erstaunt über das, was auf seinen Knien liegt. Dann senkt er den Arm, nein, wirklich, er näht ... Und längs der ganzen dunklen Straße, die so wohltuend ist für unsere Bauernherzen und unsere Bauerneinsamkeit, von der wir uns niemals ganz befreien können, weht uns ein freundschaftlicher Gruß unserer Kameraden, der Handwerker, zu. Und so gelangen wir zu deinem Laden, Makler; du hast dich in einem ehemaligen Friseurgeschäft niedergelassen. Du hast ganz einfach das Schild fortgenommen, und an Stelle der Aufschrift des Handwerks hast du deinen Namen gesetzt. Du hast die Inschrift vom Schaufenster abgekratzt und hast darauf gemalt: Makler, Kommissionär und noch eine Menge anderes, und die Hälfte dieses Schaufensters hast du mit Seife undurchsichtig gemacht; in dem durchsichtigen Teil kann man die Schnur der elektrischen Lampe herabhängen sehen. Wenn wir also näher kommen und über den mit Seife blind gemachten Teil der Scheibe hinwegblicken, sehen wir, dass der Laden leer ist. Es steht ein Tisch unter der Lampe, und auf dem Tisch liegen Papiere und Adressbücher; ein Telefonapparat steht darauf, und manchmal sitzest du am Fenster und schreibst.

** übersetzt von Ruth und Walter Gerull-Kardas*
Les vraies richesses (Vom wahren Reichtum), Grasset, 1937

Victor HUGO

Die Champagne

Die Champagne ist eine machtvolle und kernige Provinz. Der Graf der Champagne war der Herr des Vicomte der Brie, wobei man, um genau zu sein, fragen muss, ob die Brie nicht selbst so etwas ist wie eine kleine Champagne, so wie Belgien ein kleines Frankreich ist. Der Graf der Champagne war ein Pair Frankreichs und trug bei Krönungen das Lilienbanner. Wie ein König ließ er seine Provinzen von sieben Grafen verwalten, die allesamt zu Pairs der Champagne ernannt worden waren, es waren dies die Grafen von Joigny, von Rethel, von Braine, von Roucy, von Brienne, von Grand-Pré und von Bar-sur-Seine.

Es gibt keine Stadt und keine Gemeinde in der Champagne, die nicht ihre besondere Eigenart besäße. Die großen Städte spielen alle eine Rolle in der französischen Geschichte, und die kleinen wissen alle von irgendeiner abenteuerlichen Episode zu berichten. In Reims, das die Kathedrale aller Kathedralen beherbergt, nahm nach Zülpich auch Chlodwig die Taufe. Troyes wurde durch den Heiligen Lupus vor Attila gerettet und sah bereits im Jahre 878 mit der Salbung Ludwig II. durch Johannes VIII. das, was Paris erst 1804 sah: einen Papst, der in Frankreich einen Kaiser krönte; in Attigny hielt der Hausmeier Pippin sein Plenargericht, das Gaifre, den Herzog von Aquitanien erschauern ließ; in Andelot fand in Anwesenheit ihrer Getreuen die Unterredung zwischen Gontran, König von Burgund, und Childebert, König von Austrasien, statt; Hinkmar fand Zuflucht in Epernay; Abaelard in Provins; Heloisa in Paraclet; in Fismes fand ein Konzil statt; noch im spätrömischen Kaiserreich hat Langres den Triumph der beiden Gordiani gesehen, und im Mittelalter zerstörten seine Bürger die sieben trutzigen Burgen, die die Stadt umgaben, die Schlösser von Changey, Saint-Broing, Heuilly-Coton, Gobons, Bourg, Humes und Pailly; im Jahre 1584 gründete Joinville seine Liga; Châlons verteidigte Heinrich IV. im Jahre 1591; in Saint-Dizier wurde der Prinz von Oranien getötet; Doulevant beherbergte den Grafen von Moret; Bourmont ist die alte befestigte Stadt der Lingons; Sézanne ist der ehemalige Waffenplatz der Herzöge von Burgund; Ligny-l'Abbaye wurde vom heiligen Bernhard gegründet, und zwar auf Ländereien des Herrn von Châtillon, dem der Heilige in einer erhaltenen Urkunde ebenso viele Hektar im Himmel versprach, wie der allergnädigste Herr ihm hier auf Erden gäbe; Mouzon ist das Lehen des Abtes von Saint-Hubert, der den Königen Frankreichs alljährlich »sechs Jagd- und Hetzhunde sowie sechs Raubvögel für die Jagd« schickte; Chaumont liegt im Kern des Gebiets, in dem man hofft, am Johannestag der Teufel zu sein, um seine Schulden zu bezahlen; Château-Porcien ist die Stadt, die der König weder verkaufen noch übertragen konnte; so wie Heidelberg hatte Clairvaux sein Fass; Villenauxe besaß die Statue der Königin Pédauque; in Arconville findet man noch immer den Steinhaufen des Hugenotten, den jeder Bauer im Vorbeigehen durch das Hinzufügen eines Steins vergrößert; die Signale von Mont-Aigu antworteten zwanzig Orte weiter denen bei Mont-Aimé; Vassy wurde zweimal abgebrannt, von den Römern im Jahre 211 und von den Kaiserlichen im Jahre 1544, ebenso wie Langres im Jahre 351 von den Hunnen und im Jahre 407 von den Vandalen und nicht anders als Vitry, das im 12. Jahrhundert auf Geheiß Ludwigs VII. und im 16.°Jahrhundert auf Geheiß Karls V. den Flammen zum Opfer fiel. Sainte-Menehould ist jene noble Argonnenstadt, die die Übergabe verweigerte, nachdem sie von einem Verräter an den Herzog von Lothringen verkauft worden war; Carignan ist das ehemalige Ivoi; in Pont-le-Roi wurde von Attila ein Altar errichtet; Voltaire fand in Romilly vorübergehend ein Grab.

Wie man sieht, ist die lokale Geschichte all dieser Orte in der Champagne die Geschichte Frankreichs, in kleinen Stücken zwar, aber immer noch großartig.

Die Champagne trägt das Siegel der alten Könige Frankreichs, die in Reims gekrönt wurden. (...) Die Champagne bewahrt auch die Spuren Napoleons; mit berühmten Namen aus der Champagne hat er die letzten Seiten seines großartigen Epos geschrieben.

Le Rhin (Der Rhein), 1838

Alphonse de LAMARTINE

Milly bei Mâcon *

Warum der Heimat Namen nennen?
Im Ruhm der Fremde noch erbebt bei seinem Klang mein Herz
und rührt von ferne selbst ganz tief die Seele mir
wie Freundesstimme, wohlbekannte Schritte.
Bergeshöhn, verhüllt in Herbstes Nebel,
Täler, weiß vom Reif des frühen Morgens,
Weiden, abgelaubt die Krone vom Geäst,
alte Türme, fern, vom Abendlicht vergoldet.

Altersschwarze Wände, Hänge, steile Pfade,
Brunnen, wo Hirten nach und nach sich niederbeugten,
der selt'nen Tropfen klaren Wassers harrend,
um, ihre Urnen in der Hand, das Tagwerk zu besprechen.

Hütten, in deren Herd ein Feuer sprüht,
ein Dach, auf dessen Rauch der Pilger hoffte.
Habt nicht ihr toten Dinge eine Seele doch,
die uns're Seele rührt und sie zur Liebe zwingt?

Wie die Ähre hat die Zeit zerstreut in alle Winde
hinweg von Vaters Haus die Mutter und das Kind.
Der traute Herd gleicht dem verlass'nen Nest,
aus dem in Winterszeit die Schwalbe längst entfloh.
Schon wuchert Gras aus den antiken Fliesen,
verwischt entlang der Wand die trauten heimatlichen Pfade.
Ein Trauertuch, weht Efeu um das Haus,
die Tür umwuchernd, kriecht's zur Schwelle rein;
schon bald vielleicht, verhindre es Gott,
wird dann ein Fremder, den noch keiner je hier sah,
mit schnödem Mammon sich erschachern jene Hufen,
wo wir auch heute noch der Vorfahr'n Schatten wähnen;
und die Erinnerung an Wiegen und an Gräber,
zerstiebt, wenn seine Stimm' ertönt, wie eine Gruppe Tauben,
da von der Axt im Wald hinweg gefällt des Nestes Baum.
Wo könnten sie sich niederlassen?

** übertragen von Hans Scherer*

Harmonies poétiques et religieuses (Poetische und religiöse Harmonien), 1830

Prosper MERIMEE

Vézelay

Die kleine Stadt Vézelay wurde auf einem Kalkfelsen errichtet, der sich abrupt aus der Mitte eines tiefen Tals erhebt. Die Hügel, die in Form eines Amphitheaters ansteigen, verleihen dem Tal eine gewisse Enge. Schon von weitem erkennt man die Häuser, die sich in Stufen den steilen Hang hochziehen – man könnte sie für die Überreste terrassenförmiger Festungsanlagen halten – und vor allem auch die Kirche, die, auf dem höchsten Punkt des Berges thronend, die gesamte Umgebung beherrscht. Ich war über eine bequeme Straße durch gepflegte Wälder angereist, inmitten einer unberührten Natur, die man genießt, ohne durch Stöße abgelenkt zu werden. Die Sonne ging auf, und im Tal lag noch immer ein dicke Nebel, der nur hier und dort von den Wipfeln der Bäume durchbrochen wurde. Oberhalb des Tals tauchte die Stadt auf; sie wirkte wie eine im Licht erstrahlende Pyramide. Dann und wann blies der Wind lange Schneisen in den Nebel und verursachte so zahllose Lichteffekte, wie sie die englischen Landschaftsmaler so wunderbar festgehalten haben. Es war ein großartiges Schauspiel, und so ging ich mit der inneren Bereitschaft zur Bewunderung auf die Kirche Sainte-Madeleine zu.

Der erste Anblick des Bauwerks kühlte meine Begeisterung ein wenig ab. Die Fassade wurde einst im gotischen Stil restauriert und auf ungeschickte Weise auf die unteren Teile aufgepfropft, die noch der Romanik angehören. Der linke Turm wurde im Jahre 1569 von den Protestanten umgestürzt. Während der Revolution wurden die Reliefs der Tympana zerstört, und damit das Bauwerk im 19. Jahrhundert nicht dem Vandalismus zum Opfer fiel, errichtete man auf dem Stumpf des Turmes eine Art achteckiges Observatorium in Form eines Zeltes, das einen höchst lächerlichen Eindruck vermittelt.

Ausgehend von dem, was von der Kirche übriggeblieben ist, kann man sich leicht ein Bild von der Fassade machen, so wie sie ursprünglich gewesen war: Auf einigen Stufen stieg man zu den mit drei Rundbögen versehenen Hauptportalen empor, über denen Archivolten und reich verzierte Tympana angebracht waren. Zwei nicht sonderlich hohe quadratische Türme rahmten die Fassade ein. Verbunden waren sie durch eine Galerie, von der im rechten Turm noch einige Teile erhalten sind. Über dieser Empore erhob sich aller Wahrscheinlichkeit nach ein dreieckiger Giebel.

Später, das heißt gegen Ende des 13. Jahrhunderts, wurden die Türme um ein Stockwerk erhöht und mit länglichen Spitzbögen in Form eines Kleeblatts versehen. Ich glaube, dass man erst im 14. Jahrhundert den romanischen Giebel durch so etwas wie eine große offene Stirnwand ersetzt hat, die jedoch niemals vollendet wurde, und der erbärmliche Eindruck wird noch dadurch verstärkt, dass die Zerstörung des linken Turms ihn völlig isoliert zurückgelassen hat, so wie einen Fensterrahmen, der ohne die Mauern, die ihn einst umgaben, in der Luft hängt. Dieser Giebel hat die Form eines Spitzbogens und befindet sich unterhalb einer Akkolade oder eines Spitzbogens mit Gegenwölbung. Der Giebel wird von vier senkrechten Fensterkreuzen im englischen Stil unterteilt. Diese Unterteilung bringt fünf Fenster in Spitzbogen-Form hervor; sie sind kleeblattförmig, von ungleicher Größe und so angeordnet, dass sie eine pyramidenförmige Fenstergruppe bilden. An diese Fensterkreuze lehnen sich gewaltige Statuen an. Weiter oben erkennt man weitere verschlossene Fenster oder vielmehr Nischen, die breiter, flacher aber ebenfalls kleeblattförmig sind. In ihnen befinden sich weitere Statuen, die aussehen wie Soldaten in ihren Schilderhäuschen. All dies ist in den großen Spitzbogen-Fensterstock eingelassen, den ich schon erwähnt habe. Auch wenn es sich um eine massive Konstruktion handelt, wirkt sie doch alles andere als solide, was den unangenehmen Eindruck, den sie ohnehin vermittelt, noch verstärkt. Oft erkennt man bei gotischen Bauwerken, wie sich ungeheure Kühnheit mit der Stabilität der Konstruktion verbindet, und genau das ist es, was Perfektion auszeichnet. Hier aber ist alles umgekehrt: Der untere Teil des Giebels ist offen und der obere Teil ist ausgefüllt, was mir widersinnig erscheint, es ist, als stünde eine Pyramide auf dem Kopf. Man hat Angst, dass sich das natürliche Gleichgewicht durch die Verlagerung des Schwerpunkts wieder einstellt, dass einem, mit anderen Worten, das Portal auf den Kopf stürzt.

Voyage dans le Midi de la France (Reise im Süden Frankreichs), 1835

Jules MICHELET

Vorstellung Frankreichs

Der eigentliche Ausgangspunkt unserer Geschichte muss eine politische Einteilung Frankreichs gemäß den natürlichen geografischen Gegebenheiten des Landes sein. Geschichte ist in erster Linie Geografie. Wir können den Feudalismus oder das Zeitalter der Provinzen (letzterer Ausdruck bezeichnet ihn ebenso gut) nicht beschreiben, ohne jede einzelne Provinz zu charakterisieren. Doch es genügt nicht, ein Bild der geografischen Gestalt dieser unterschiedlichen Landschaften zu entwerfen; sie erklären sich vor allem durch die Früchte, die sie hervorgebracht haben; will sagen, durch die Menschen und die Ereignisse, die ihre Geschichte geprägt haben. Von dem Standpunkt aus, den wir gewählt haben, können wir voraussagen, was jede einzelne Provinz tun und hervorbringen muss, können wir festlegen, was ihr Schicksal ist, können wir ihr das Erbe schon in die Wiege legen.

Werfen wir zunächst einen Blick auf Frankreich in seiner Gesamtheit, damit erkennbar wird, wie es sich selbst untergliedert.

Steigen wir auf einen der Gipfel der Vogesen oder, wenn Sie wollen, des Jura. Drehen wir den Alpen den Rücken zu. Wir unterscheiden (vorausgesetzt, unser Blick kann einen Horizont von dreihundert Meilen durchmessen) eine gewellte Linie, die sich von den bewaldeten Hügeln Luxemburgs und der Ardennen bis hin zu den Gipfeln der Vogesen erstreckt; von da aus führt sie weiter über die rebenbepflanzten Hänge Burgunds zur gezackten Vulkanlandschaft der Cevennen und bis hin zur gewaltigen Mauer der Pyrenäen. Diese Linie kennzeichnet die Wasserscheide. Auf westlicher Seite fließen die Seine, die Loire und die Garonne zum Atlantik hin; hinter ihnen fließt die Maas in Richtung Norden, während sich die Saône und die Rhône gen Süden wenden. In der Ferne erblicken wir so etwas wie zwei Kontinentalinseln: die Bretagne, rau und tief gelegen, einfacher Quarz und Granit, ein großes Felsenriff, das in die Ecke Frankreichs eingepflanzt wurde, um der Wucht der Strömungen des Ärmelkanals zu begegnen, und die urwüchsige grüne Auvergne, mit ihren vierzig Vulkanen ein großer erloschener Brand.

Die Becken der Rhône und der Garonne sind trotz ihrer Bedeutung nur zweitrangig. Das vitale Geschehen findet im Norden statt. Dort haben sich die großen Bewegungen der Nationen vollzogen. Von hier aus sind in alter Zeit die unterschiedlichen Stämme von Deutschland nach Frankreich eingedrungen. Der große politische Kampf der Moderne ist der zwischen Frankreich und England. Diese beiden Völker stehen sich Stirn an Stirn gegenüber, so als müssten sie zusammenprallen; die wichtigsten Gebiete dieser beiden Länder bilden zwei Abhänge, die einander gegenüberliegen. Man könnte auch sagen, dass es sich um ein einziges Tal handelt, dessen tiefste Stelle der Ärmelkanal bildet. Hier die Seine und Paris, dort London und die Themse. Doch England präsentiert Frankreich seinen germanischen Teil und behält seine walisischen, schottischen und irischen Kelten im Rücken. Frankreich dagegen, das sich an seine germanischsprachigen Provinzen (Lothringen und das Elsass) anlehnt, bietet England seine keltische Stirn. Jedes der beiden Länder zeigt sich dem anderen von der feindseligsten Seite.

Deutschland ist Frankreich keinesfalls entgegengesetzt, sondern liegt parallel zu ihm. Der Rhein, die Elbe und die Oder münden in die Nordsee, so wie es auch die Maas und die Schelde tun. Darüber hinaus hegt das deutsche Frankreich Sympathien zu seiner Mutter Deutschland. Was das römische und iberische Frankreich angeht, ist zu sagen, dass es, wie stark auch der Glanz Marseilles und Bordeaux' sein mag, nur nach der alten Welt Afrikas und Italiens auf der einen und den undeutlichen Ozean auf der anderen Seite hin blickt. Die Mauer der Pyrenäen trennt uns von Spanien, und dies in stärkerem Maße, als Spanien selbst durch das Meer von Afrika getrennt ist. Wenn man über den Regen und die tief hängenden Wolkenmassen hinaus bis zum Pass von Vénasque aufsteigt und der Blick hinab auf Spanien fällt, wird einem bewusst, dass Europa hier zu Ende ist; eine neue Welt tut sich auf; vor dem Betrachter das flimmernde Licht Afrikas, hinter ihm ein wogender Nebel unter einem ewig wehenden Wind.

Tableau de la France (Bild Frankreichs), 1833

Denis TILLINAC

Auriac, November 1989

Regen, das Heulen des Windes; das Grau des Himmels, die Mauern und die Schieferdächer verschwimmen ineinander.

Es handelt sich um ein Dorf, das auf dem Plateau von Xaintrie gebaut wurde (nach gewissen Gelehrten »Boden der Heiligen« auf Keltisch, nach anderen »Boden der Entfernten«), und zwar im Grenzgebiet der Auvergne und des Limousin, eingeschlossen von den Schluchten der Dordogne und der Maronne. »Ein unwahrscheinliches Land«, hatte Jean-Paul Kauffmann nach seinem ersten Aufenthalt in Der Morgen geschrieben.

Er hatte es im Winter entdeckt und lieben gelernt wegen dem, was es ist: ein Gewirr von Grün, übersät von gedrungenen Kirchtürmen, durchtränkt von Feuchtigkeit, dem Betrachter rundum das Bild der Berge der Auvergne anbietend, die im Abendhimmel bläulich leuchten und deren Spitzen bis Ostern mit Schnee bedeckt sind. Er war oft hierher zurückgekommen, allein oder mit seiner Familie. Oft erzählte er mir vom Libanon. Ein Gefühl von Traurigkeit und Stolz erfüllte mich, als ich den Text seiner ersten Kassette las: Unter einigen ausgewählten Orten nannte er Auriac als Symbol des verlorenen Glücks. Daher ist der Tag seines Wiedersehens mit dem Dorf für mich ein historisches Ereignis. Einem jeden seine Chronologie.

Ich habe gerade den Platz überquert. Fast alle Fensterläden sind geschlossen. Die Gänseblümchen werden hier vom Schiefer vertrieben: Der Zwang zum Exil ist bereits in unsere Geologie eingeschrieben. Von jeher haben die Menschen, die auf dem Plateau lebten, ihre Koffer gepackt und sind losgezogen, um ihr Brot zu verdienen. Sie eröffnen ein Bistro in Paris oder ein Möbelgeschäft im Osten des Landes. Oder sie melden sich zu Aufnahmeprüfungen, um in Versagensängsten zu versinken. Jedes Dorf hat seine Fühler in der Hauptstadt; einen Heimathafen in der Fremde. Wenn wir Vialatte parodieren, könnten wir sagen: Das Zentralmassiv bringt Vulkane hervor, Käse, Rugby-Stürmer, Politiker und Auswanderer.

Vor allem Auswanderer. Eine zweite Corrèze hat sich in Paris rund um das Rathaus und die Agentur Havas entfaltet, deren Mieter Jacques Chirac und Pierre Dauzier ihre Herkunft durchaus nicht vergessen haben. Wie alle Angehörigen der Diaspora kehren sie in den Ferien in ihre Heimat zurück. Zwei Monate lang stehen die Türen unserer Familienhäuser auf; all jene, die aus dem Auriac stammen und nunmehr in Genf, in Antwerpen, in Monaco, in Lyon, in Charleville, in Le Havre, in Bellême oder in der Pariser Region leben, finden sich vor den Unterkünften ein, um sich der Sommer von einst zu erinnern, die sie bei ihren Großmüttern verbracht haben, jenen in Schwarz gekleideten Frauen, die Witwen des Krieges 14/18, wie sie Malraux vor den Gräbern ihrer Toten gesehen hat.

Im Herbst zieht im Dorf wieder Wehmut ein. Diejenigen, die dageblieben sind, sehen fern oder rufen die Tochter an, die Postbeamtin in Villetaneuse ist, den Sohn, der als Finanzbeamter arbeitet oder als Turnlehrer in Béthune. Sie stehen am Anfang jenes langen Strandes der Einsamkeit, der von Beerdigungen übersät ist: Die jungen Leute sind in die Stadt gegangen, die Alten gehen auf den Friedhof; vor ihnen tragen die Nachbarn zwei schwarze Velours-Tücher, die sie an den vier Ecken festhalten. Die Bewohner des Dorfes und seiner Weiler begleiten sie. Jeder Winter rafft zwei oder drei Zeugen des Frankreich von einst hinweg, und in gleichem Maße entfernt sich meine Kindheit.

Der ländliche Westen versinkt in der Gleichgültigkeit. Als ich ein kleiner Junge war, gab es um den Kirchplatz noch zwei Bäcker, einen Metzger, einen Schmied, einen Schuster, ein Restaurant und einen Holzschuhmacher, der auch Holzkegel und die dazugehörige Kugel herstellte. Ich kannte noch die Tage der Dreschmaschine, an denen sich alle Männer des Dorfes mal in der einen mal in der anderen Scheune um das Monster einfanden. Ich habe sogar noch gesehen, wie das Korn mit dem Flegel gedroschen wurde, so wie es die Bauern von Jacques Callot taten. Die Alten sprachen nur Patois (Verzeihung: Provenzalisch) oder ein ungeschickt aus dem Patois gewonnenes Französisch. »Du bist crugne«, klagte meine Großmutter, was so ungefähr bedeuten sollte, dass ich schwermütig sei.

Jeder besaß ein paar Kühe, die gegen Abend von Kindern auf die Weide getrieben wurden. Da es zu jener Zeit noch Kinder gab, die zu Hause wohnten, gab es auch mehrere Schulklassen, und es gab einen Lehrer, der die Gören während der Religionsstunde nachsitzen ließ, um so den Pfarrer zu ärgern.

In dreißig Jahren ist mein Dorf gestorben und zwar in den dreißig Jahren, die in den Wirtschaftslehrbüchern als die »dreißig glorreichen« bezeichnet werden. Die Lebensmittelhändlerin, die zugleich eine Bäckerei betrieb und deren Schwung einst den ganzen Dorfplatz mit Leben erfüllte, hat vor kurzem ihren Laden geschlossen. Geblieben ist der andere

Lebensmittelladen, der sich hoch oben im Ort befindet und dessen Besitzer auch nicht mehr zwanzig sind, und ein Bistro beim Glockenturm, in dem die Rentner ihre Melancholie ertränken.

Geblieben sind die Steine, die bezeugen, dass hier seit prähistorischen Zeiten Menschen gehaust haben. Obelix hat einen Menhir in einem Eichenwald platziert, und die Römer haben dem Ort unter Verwendung der keltischen Nachsilbe ac einen Namen gegeben. Die Benediktinermönche haben ein Priorat und einen starken Bergfried errichtet, den erst die Hugenotten und dann die Sansculotten abgetragen haben. Der Feudalismus hat Stollen vorgetrieben, die im anschließenden Bürgerkrieg erneut genutzt wurden. Die Mehrzahl der Häuser stammt aus dem Zweiten Kaiserreich, einer Zeit, in der die Landwirtschaft prosperierte. Das Denkmal für die Toten der Weltkriege weist darauf hin, dass ab 1918 im Ort Männermangel herrschte: fünfunddreißig Verschwundene, die Krüppel nicht mitgezählt. Vier Tote im Jahre 1940, nur einer in Algerien, ein weiterer in Indochina, doch das demographische Unglück war bereits geschehen. Die IV. Republik hat die kleinen Weiler mit Schulen aus Zement übersät, die heute nutzlos sind; die V. Republik hat eine Siedlung um eine Wasserfläche herum gegründet und außerdem einen Festsaal, in dem man im Winter beim Belote die Karten drischt und Gewinnspiele organisiert. Im Sommer machen ihn die jungen Leute vom Camping zu einer Diskothek. Die im Dorf geblieben sind oder am Wochenende dorthin zurückkehren, reichen gerade einmal aus, um eine Fußballmannschaft zu bilden. Es passiert mir immer noch, dass ich als elfter Spieler auflaufe. Damit ist alles gesagt.

Paris, die Provinz, ein Dorf: drei unterschiedliche Welten, drei verschiedene Lebensweisen für einen Bewohner des Westens, dreierlei Hintergründe für einen Schriftsteller. Das eröffnet Horizonte; das gestattet es, vor Ort zu schätzen, was man in der Lotterie der Veränderungen gewinnt und verliert und was am Ende der Rechnung übrigbleibt. Man sieht die»Moderne« aus drei unterschiedlichen Blickwinkeln. In Paris macht sie sich wichtig; in der Provinz schreitet sie gemessenen Schrittes dahin; im Dorf stellt sie Fernsehgeräte in die Wohnstuben und Wohnwagen auf die Campingplätze. Die Worte haben nicht das gleiche Gewicht und die Ideen nicht die gleiche Tragweite. Man muss es verstehen, die einen zu übersetzen und die anderen zu übertragen, ein akrobatischer Akt. Mann aus der Corrèze in Paris, Dörfler oder Pariser in Tulle, Städter in Auriac: In meiner Person vereinige ich gleich drei Ethnologen. Sie haben sich gegenseitig gegen den Bukolismus, den Provinzialismus und den Parisianismus geimpft.

Wenn es wahr ist, dass jeder Schriftsteller eine Rechnung mit der Zeit zu begleichen hat, so habe ich reichlich Grund, meine Wurzeln zu netzen. Wenn man sein Zentrum verlassen muss, um herauszufinden, wer man ist, in welcher Welt man lebt und worauf sie sich reimt, so sitze ich stets auf gepackten Koffern. Die Menschen aus der Corrèze vagabundieren aus Notwendigkeit umher. Man kann weit reisen, wenn der Spargroschen des Gefühls in der Bank einer vertrauten Landschaft liegt. Wohin man auch geht, was immer auch kommt, man braucht nie zu fürchten, dass diese Währung ihren Wert verliert, und die »Identität« muss nirgendwo verpfändet werden, ja man interessiert man sich nicht einmal für sie. Man weiß, woher man kommt und in welcher Gruft das ganze Theater ein Ende nehmen wird: Die Frage nach dem »Ich« verliert so ein Gutteil ihrer Schärfe. Soviel ist immerhin gewonnen ...

La Corrèze et le Zambèze (Die Corrèze und der Zambèze), Robert Laffont, 1990

Alfred de VIGNY

Die Touraine

Kennen Sie diese Gegend, die der Garten Frankreichs genannt wird, dieses Land, in dessen üppig grünenden und von einem großen Fluss benetzten Ebenen man eine so reine Luft atmet? Wenn Sie die wunderbare Touraine in den Sommermonaten durchquert haben, werden Sie lange Zeit voller Entzücken dem friedlichen Lauf der Loire gefolgt sein; Sie werden es bedauert haben, dass Sie nicht haben entscheiden können, an welchem der beiden Flüsse Sie Ihre Ruhestatt wählen würden, um dort neben einem geliebten Wesen die Menschen zu vergessen. Wenn man den gelben und langsamen Strom des hübschen Flusses begleitet, so betrachtet man unentwegt die lieblichen Einzelheiten am rechten Ufer. Die waldgesäumten Täler, in denen hübsche weiße Häuser aufragen, die von Weinreben in Gelb und von Kirschbäumen in Weiß getauchten Hänge, die alten Mauern, an denen das Geißblatt empor sprosst, und die Rosengärten, aus denen unvermittelt ein schlanker Turm hochragt; alles erinnert an die Fruchtbarkeit des Bodens und das Alter der Bauwerke, alles ist das Werk seiner fleißigen Bewohner. Nichts hielten sie für unnütz: Es scheint, als hätten sie in der Liebe für eine so schöne Heimat, die einzige Provinz Frankreichs, die niemals etwas Fremdes in sich aufgenommen hat, auch nicht nur den geringsten Teil ihres Bodens, das kleinste Korn ihres Sandes verlieren wollen. Vielleicht glauben Sie, dass dieser alte verfallene Turm nur von scheußlichen Nachtvögeln bewohnt wird. Dem aber ist nicht so, denn auf das Geräusch hin, das Ihre Pferde machen, erscheint das lachende Gesicht eines jungen Mädchens im vom Staub der Landstraße weiß gepuderten Efeu, und wenn Sie einen von Reben bewachsenen Hang erklimmen, zeigt Ihnen plötzlich eine kleine Rauchfahne an, dass sich ein Schornstein zu Ihren Füßen befindet, dass der Felsen selbst bewohnt ist und dass die Winzerfamilien in seinen tiefen Gewölben hausen. Die üppige Erde, die sie tagsüber so fleißig bearbeiten, wird ihnen des nachts zur Herberge. Die Menschen der Touraine sind so einfach wie ihr Leben, milde wie die Luft, die sie atmen, und stark wie der kräftige Boden, den sie urbar machen. In ihren dunklen Zügen liegt weder die kalte Unbewegtheit des Nordens noch die affektierte Lebhaftigkeit des Südens; ihr Antlitz hat, nicht anders als ihr Charakter, etwas von der Unschuld des wahren Volkes Ludwigs des Heiligen; ihr braunes Haar ist noch immer lang und wie bei den Steinstatuen unserer alten Könige um die Ohren herum rundgeschnitten; sie sprechen das allerreinste Französisch, nicht langsam, nicht schnell, ohne jeden Akzent. Hier steht die Wiege der Sprache, nahe der Wiege der Monarchie.

Einen ernsthafteren Charakter zeigt das linke Ufer der Loire: Von hier aus erblickt man in der Ferne Chambord, das mit seinen kleinen blauen Kuppeln an eine große orientalische Stadt erinnert; dort liegt auch Chanteloup, dessen elegante Pagode frei in der Luft hängt. Nicht weit entfernt von diesen Schlössern zieht ein schlichteres Gebäude die Blicke des Reisenden durch seine herrliche Lage und seine imposante Masse auf sich: das Schloss Chaumont. Es wurde auf dem höchsten Hügel des Loire-Ufers errichtet und verbirgt dessen Gipfel unter seinen hohen Mauern und wuchtigen Türmen; lange Glockentürme aus Schiefer ziehen den Blick auf sich und verleihen dem Bauwerk einen klösterlichen Aspekt, jene religiöse Silhouette aller alten Schlösser Frankreichs, die den Landschaften der meisten französischen Provinzen einen so würdevollen Charakter verleiht. Schwarze, dicht belaubte Bäume umgeben dieses alte Herrenhaus von allen Seiten und ähneln von weitem den Federn, die den Hut König Heinrichs schmückten; am Ufer des Flusses erstreckt sich ein hübsches Dorf am Fuße des Berges. Man hat den Eindruck, als seien seine weißen Häuser aus dem goldfarbenen Sand emporgewachsen.

Cinq-Mars (Cinq-Mars oder Eine Verschwörung unter Ludwig XIII.), 1826

Die Hütten des Breuil in der Dordogne

LA FRANCE DIVISÉE EN SES DOUZE ANCIENS GOUVE

Isle de France

Picardie

Champagne

Bourgogne

Dauphine

Provence

Languedoc

Guienne

Orleanois

Bretagne

Normandie

Lionnois

Les 12. Anciens Gouvernem.ts du Royaume ainsi quils furent assemblez aux Etats du Royaume en 1614.

1 l'Isle de France

a Pour Gouverneur le Duc d'Etrées. c'est la plus belle et la plus riche Province du Royaume Bonheur quel a d'estre le Sejour du Roy, et de toute la Cour, et d'avoir Paris pour sa Capitale, la residence de la plus part des beaux Esprits du Royaume, en dit assez pour comprendre son avantage sur les autres Provinces.

l'Isle de France a pour sa Capital	Paris Arch.
Brie Francoise	Lagni
Hurepois	Melun
Gatinois	Nemours
Mantois	Mante
Vexin Francois	Pontoise
Beauvaisis	Beauvais
Valois	Crepi
Soissonnois	Soissons
Laonnois	Laon

2 La Picardie

a Pour Gouverneur le Duc d'Elbeuf. cette Province n'a jamais ete alienée du domaine de la Couronne. Elle est abondante en grains et en fruits. Les peuples y sont francs, civils, courageux, officieux, mais sujets à se mettre en colere un peu trop facilement. Il y a aussy dans cette Province beaucoup de Noblesse et de bons Soldats.

Amienois	Amiens
Soissonnois	Soisson
Laonnois	Laon (a present reunie a l'Isle de Fran.)
Ponthieu	Abeville
Vimeux	S.t Valery
Boulonnois	Boulogne
Senterre	Peronne
Vermandois	S.t Quentin
Tierache	Guise
Pays Reconquis	Calais

3 La Champagne

a Pour Gouverneur le Prince de Rohan. c'est une tres belle Province abondante en bléd et en betail: on célèbre ses vins qui sont recherchez pour les tables des Princes et des Grands Seigneurs. Il y a de tres belles plaines abondantes en pâturage et du côté du Nord, de grandes forests, qui entretiennent toute sorte de gibier.

la Champ. propre	Troye
Remois	Reims
Parthois	S.t Dizier
Rethelois	Rhetel
Vallage	Joinville
Bassigni	Langres
Senonois	Sens
Brie Champenoise	Provins, Meaux
Princ.te de Sedan	Sedan

4 La Bourgogne

a Pour Gouverneur le Duc de Bourbon. Elle est considerable par sa grandeur, et sa fertilite, ayant plus de 50. lieües du Septentrion au midi. On la nomme ordinairement la mere des bleds et des vins: ses paturages nourrissent un grand nombre de bestiaux. Elle a de quoy faire bonne chasse dans ses forets. Il y a aussi des mines de fer.

Dijonnois	Dijon
Autunois	Autun
Chalonnois	Chalons
Pais des Mont.ne	Châtillon
Auxois	Semeur
Auxerrois	Auxerre
Charolois	Charoles
Briennois	Semur
Maconnois	Macon
Bresse	Bourg
Bugey	Bellay
Bailliage de Gex	Gex
Principauté de Dombes	Trevoux

5 Le Dauphiné

a Pour Gouverneur le Duc de la Feuillade. c'est une des belles Provinces du Royaume, on y est laborieux; on cultive tout jusqu'au haut des montagnes où il croit des plantes excellentes. Dans les vallees il y a du bléd, du vin, et des fruits en abondance; il y a dans les forets de toute sorte de gibier. on divise cette Province en haut et Bas Dauphiné.

Gresivaudan	Grenoble
Diois	Die
Les Baronies	Le Buys
Gapencois	Gap
Ambrunois	Ambrun
Briançonnois	Briançon
Viennois	Vienne
Valentinois	Valence
Tricastin	S.t Paul

6 La Provence

a Pour Gouverneur le Duc de Vendôme. Elle est fertile en bons vins, en huile, en safran, en figues, amandes, citrons, oranges, et grenades. Tout y est fertile, excepté quelques montagnes où il y a ordinairement de bons pâturages: les fruits y sont delicieux. Il y a des salines qui sont d'un grand revenu, les rivieres abondent en poissons, le gibier y est commun.

Diocése d'Aix	Aix
Diocése de Riez	Riez
de Senez	Senez
de Digne	Digne
d'Arles	Arles
de Marseille	Marseille
de Toulon	Toulon
de Frejus	Frejus
de Grace	Grace
de Vence	Vence
de Glandeve	Glandeve
de Cisteron	Cisteron
d'Apt	Apt
Com.té Venaissin	Avignon
Princ.te d'Orange	Orange

7 Le Languedoc

a Pour Gouverneur le Duc du Maine: c'est une des plus considerables Provinces du Royaume, on y vit aisément et abon marché parce que les bléds, les bons fruits, et les vins exquis y abondent: toute sorte de Gibier s'y trouve en abondance: il y a quantité de mines metalliques; le Pastel dont on se sert pour les teintures luy est particulier.

Toulousan	Toulouze
Albigois	Albi
Lauragais	Castelnaudary
Comt.e de Foix	Foix
Roussillon	Perpignan
Quartier de	Narbonne
Quartier de	Besiers
Quartier de	Nismes
Vivarois	Viviers
Cevennes	Mande
Velay	Puy

8 La Guienne

a Pour Gouverneur le Duc de Chevreuse. cette Province par elle même est tres riche et plus encore par le Comerce que la Garonne y attire. Les etrangers y apportent leurs Marchandises et puis chargent leurs vaisseaux des vins que cette Province fournit en quantité. L'air y est assez doux, et le terroir assez fertile en bleds; les côtes sont Steriles n'etant que des bruieres et des landes qui servent de pâturage.

Guienne propre	Bourdeaux
Bazadois	Bazas
Agenois	Agen
Condomois	Condom
Xaintonge	Xaintes
Perigord	Perigueux
Limosin	Limoges
Quercy	Cahors
Rouergue	Rhodez

9 l'Orleanois

a Pour Gouverneur le Marquis d'Antin. Il est abondant en vins dont il fournit Paris et beaucoup de villes du Royaume. c'est un des plus agreables pais de la France et le Gouvernement le plus étendu. Orleans qui est sa capitale s'est rendue fameuse par le siége que les Anglois en formerent en 1417. et par le secours quelle receut de Jeanne d'Arc dite la pucelle d'Orleans.

Orleanois prop.e	Orleans
La Beauce	Chartres
Le Bloisois	Blois
Le Perche	Nogent
Le Maine	Le Mans
l'Anjou	Angers
Le Poitou	Poitiers
l'Aunis	La Rochelle
Angoulmois	Angoulesme
Touraine	Tours
Le Gatinois	Montargis
Berri	Bourgs
Nivernois	Nevers
Les Isles d'	Oleron & de Rez &c.

10 La Bretagne

a Pour Gouverneur le Comte de Toulouze. c'est une Province assez fertile, elle a des grains, du chanvre et un peu de vins des fruits en quantite. Il y a aussi beaucoup de bestiaux, et beaucoup d'excellens poissons. On y voit les meilleurs ports de toute la France qui y entretient le commerce et l'abondance de toutes choses. On y fait un grand commerce de beure, de toile, de cordage et de Sel.

Divisées par Evesches sçav.	
Ev. de Rennes	Rennes
Ev. de Nantes	Nantes
de S.t Malo	S.t Malo
de Dol	Dol
de S.t Brieux	S.t Brieux
de Treguier	Treguier
de S.t Paul	S.t Paul
de Quimper	Quimper
de Vannes	Vannes

11 La Normandie

a Pour Gouverneur le Duc de Luxembourg. Elle est une des belles Provinces de France. Excepté le vin toutes les choses de la vie y sont autant qu'on le peut souhaiter. Il en est sorti de grands hommes dans toutes sorte de Professions; la terre y est fertile en bleds, en pâturages, en chanvre, en bois et en fruits au deffaut du vin on y boit du cidre et de la biere les Normans peuples de Danemark et Norwegue s'y etablirent en 912.

Archevesché de Rouen	
Vexin Norm.	Rouen
Roumois	Quillebeuf
Caux	Diepe
Brai	La Ferté
Ev. de Lisieux	Lisieux
Ev. de Baieux	Baieux
Ev. de Coutance	Coutance
E. d'Avranche	Avranche
Ev. de Seez	Seez
Ev. d'Evreux	Evreux

12 Le Lionnois

a Pour Gouverneur le Duc de Villeroy. c'est sans contredit le plus beau pais du Monde, il y a abondamment tout ce qui peut contribuer aux comoditez et même aux delices de la vie. Lion est une tres belle ville. On regarde l'Hôtel de ville comme un des plus beaux ouvrages d'architecture qui soit dans l'Europe; ses Eglises, ses Palais et ses places sont Magnifiques.

Le Lionnois propre	Lion
Forest	Montbrifon
Beaujolois	Beaujeu
Bourbonnois	Moulins
Auvergne	Clermont
La Marche	Guere

Les
Pari
Mond.
Duc d
31. Pa
30. M
16. H
50. H
5. Pa
30. Co
Le
a Pour
de Mi
ont de
fort i
extre
le Be
Pou
Gran
ne so
le ter
le sca
ses h
la Sa
a Pou
Duze
sont
sont
a Pou
de G
te et
tres
Roche
la Ca
a Pou
de Vi
vince
contr
en 50
Le
a Pou
Baur
Norm
son G
Pais
Le N
a Pou
de Fe
vins
beau
mine
a Pou
Neve
sider
ferti
l'ava
Rivi
L
a Pou
de la
Pais
de B
l'Eu
a Pou
Bour
les P
se A
tile
géné
a Pou
de Be
mon
ferti
vent
leur

NEMENTS, ET EN SES VINGT QUATRE NOUVEAUX.

nouveaux Gouvernements formés en partie des Anciens et des Conquestes de la France.

No.	Description	Gouvernement	Capitale
13	...plus belle ville du ...our Gouverneur le ...eurs et Contient ...es 12. Faubourgs ...eres 636. Ruës ...ux 50000. Maisons 2000000. Ames 200000. Hommes pro... pres a porter les armes	Pour la nouriture de tant de peuples on tue tous les ans environ 50000. Porcs 10000. Vaches 50000. Beuf 200000. Veaux 400000. Moutons	On compte encore dans cette grande Ville 23. places publiques 17. Portes
14	...mté de Foix ...uverneur le Marq.^is ...ix. ses habitans y ...ux privileges; ils sont ...ieux; bons soldats et ...ent prompts.	Le Comte de Foix a pour Capitale	Foix
15	...et la Basse Navarre ...uverneur le Duc de ...: Ces deux Provinces ...'un Gouvernement: ...n'est fertile que par ...faire et l'industrie de ...ans.	Le Bearn La Basse Navarre	Pau St. Jean de Pied de Port
16	...gne et l'Angoulmois ...uverneur le Duc ...deux Provinces ne ...n Gouvernement et ...les en vins et en bleds.	Saintonge Angoulmois	Saintes Angouleme
17	...l'Aunis ...uverneur le Comte ...c'est un Païs de peti... ...e il est cependant ...l et fort peuplé. La ...ville fameuse en est ...le.	l'Aunis	La Rochelle
18	...e Poitou ...uverneur le Marq.^is ...lle. c'est une belle Pro... ...euse par les Batailles ...aric Roy des Gots. ...t contre les Anglois en 1356.	Le Poitou a pour Capitale	Poitiers
19	...avre de Grace ...uverneur le Duc de ...s. cette place est en ...ie qui renferme dans ...ernement partie du ...Caux.	Pais de Caux en Partie	Havre
20	...ne et le Perche ...uverneur le Marq.^is ...ques. c'est un Païs de ...fruits, et ou il y a ...de bétail et quelque ...de fer.	Le Maine a pour Capital / Le Perche a pour Capital	Mans / Mortagne
21	...Nivernois ...uverneur le Duc de ...Cette Province est con... ...par sa bonté et la ...de son terroir et par ...e quelle tire de la ...de Loire.	Le Nivernois a pour Capital	Nevers
22	...Bourbonnois ...uverneur le Marq.^s ...iere. C'est un beau ...es fertile Les Bains ...on si connus dans ...sont en cette Province.	Le Bourbonois a pour Capital	Moulins
23	...Auvergne ...uverneur le Duc de ...C'est une des bel... ...nces de France. la bas... ...gne est la plus fer... ...plus agreable. En ...c'est un bon Païs	l'Auvergne a pour sa Capitale	Clermont
24	...Limousin ...uverneur le March.^l ...ick. C'est un païs de ...e de terroir n'est pas ...ais les habitans trou... ...randes resources dans ...voir faire.	Le Limosin a pour sa Capitale	Limoge
25	**Le Marche** Dans le T.^{de} Taonnois a pour Gouverneur le Marquis de St. Germain Beaupré. c'est un païs fertile arrosé de plusieurs rivieres.	Le Comté de Marche a pour Capital	Gueret
26	**Le Berri** a Pour Gouverneur le Comte d'Aubigné Cette Province est arrosée de petites rivieres qui en font un assez bon Païs: il y a beaucoup de pâturage et de bétail.	Le Berri a pour Capital	Bourg.es
27	**La Touraine** a Pour Gouverneur le Marquis d'Angeau. C'est une si belle Province qu'on l'apelle le Jardin de la France on célébre ses bons fruits: il y a beaucoup de blé et de grands vignobles.	La Touraine a pour Ville Capitale	Tours
28	**l'Anjou** a Pour Gouverneur le Comte d'Armagnac. ce Païs est beau les Romains l'aimerent beaucoup. on y voit encore de leurs ouvrages: la Loire et la Sarre l'arrosent ...	l'Anjou a pour Capitale	Angers
29	**Le Saumurois** a Pour Gouverneur le Comte de Cominge. Il y a dans cette Province tout ce qui peut faire l'agrément de la vie les Etrangers s'y plaisent beaucoup.	Le Saumurois a pour Capitale	Saumur
30	**La Flandre** a Pour Gouverneur le Marechal de Boufflers. C'est une des plus belles et des plus riches Provinces de l'Europe et un des bons païs du Monde.	a Pour Ville Capitale	l'Isle
31	**Dunquerque** a Pour Gouverneur le Comte de Medavi. Cette ville tient rang entre les Gouvernemens des Provinces: elle fut retirée des Anglois en 1662. et depuis tres regulierement fortifiée.	Capital de ce Gouvernement	Donquerque
32	**Metz et Verdun** ne sont qu'un Gouvernement dont le Marq.^s de Ioyeuse est Gouverneur. Metz s'est rendue fameuse par le Siege qu'elle soutint vigoureusement contre Charles 5. an 1552.	Les deux Villes Principal.^es sont	Metz Verdun
33	**Toul** a Pour Gouverneur le Marq.^is de l'Hôpital. C'est un fort grand Diocése qui fait un Gouvernement.	Capitale de ce Diocese	Toul
34	**l'Alsace** a Pour Gouverneur le Duc de Mazarin. c'est une Province trés fertile, arrosée de plusieurs rivieres, les blés, les vins, les fruits et le bétail y abondent.	l'Alsace a pour Capitale	Strasbourg
35	**La Franche Comté** a Pour Gouverneur le Maréchal de Duras. Cette Province produit des bléds et des vins en abondance.	La Capital de cette Province est	Besançon
36	**Le Roussillon** a Pour Gouverneur- - - - - - - - - - - - - - - C'est un païs de Montagne et de pâturage.	La Capitale est	Perpignan

Remarque

Il n'est pas necessaire de donner des Instructions pour comprendre cette carte, puis que l'on voit en y Jetant les yeux chaque Gouvernement separé avec les Provinces, les Comtez et les Villes qui en dependent, elle est comme la Suivante tirée de l'Etat de la France de 1700

ORTSREGISTER

Einer der ersten Pläne eines Bauernhofes, Somme, 1455

Le Nombre des Lieux qu' il y a de Paris aux Principal les Villes du Royaume etc:

LES ROUTES EXACTES DES PO

DE PARIS A		Lieues
Abbeville		38
AIX, en Pr:	‡	150
Alais	‡	140
Albi	‡	140
Alencon		38
Alet	‡	158
Amboise		57
Ambrun	‡	140
AMIENS		28
AMSTERDAM		
ANGERS	‡	64
ANGOULESME	‡	110
Apt	‡	145
AUGSBOURG	‡	
ARRAS	‡	40
Argentan		40
Arles	‡	145
Arlon		78
Arnay le Duc		65
AVIGNON	‡	138
Avranches	‡	62
Aurilhac		112
Auch	‡	145
Autun	‡	65
Auxerre	‡	40
Auxonne		72
Ayre	‡	48
Bappaumes		34
Barbezieux		96
Bar le Duc		58
Barraux		120
Bar sur Aube		42
Bar sur Seine		30
Basle	‡	106
Bastogne		85
Bayeux	‡	62
Bayonne	‡	142
Bazas	‡	124
Beaucaire		144
Beaune		72
Beauvais		16
Befort		120
Belley		112
Belle Isle		106
Berg S.t Winox		56
BERLIN		
BESANCON	‡	82
Bethune		45
Beziers		160
Bich		95
Blanc		65
Blavet		140
Blaye		106
Blois	‡	46
Bouchain		40
Bouillon		56
Boulogne	‡	52
BOURDEAUX	‡	110
Bourg		92
BOURGES	‡	52
Brest		120
Brianeon		140
Brie C Robert		6
Brioude		92
Brisach		108
Brouäge		106
BRUSELLE		60
Caen		56
Cahors	‡	118
Calais		60
Cambray	‡	37
Carcassone	‡	158
Carentan		72
Castres	‡	150
Caudebec		34
Chaalons	‡	39
Challon	‡	78
Chambor		45
Charlemont		52
Chartres	‡	19
Ch.r Roux		62
Ch.r Thierry		22
Chastelleraud		78
Chaumont en B.		50
Cherbourg		84
Cisteron	‡	140
CLERMONT	‡	80
Collioure		180
Colmar		104
COLOGNE	‡	90
Compiegne		17
Condom	‡	135
Cornuaille	‡	128
Coutance	‡	76
Crepy		13
Dammartin		8
Dax	‡	132
Die	‡	125
Dieppe		40
Digne	‡	148
DIJON		66
Dole	‡	75

DE PARIS A.		Lieues
Douay		44
Dourlens		35
DRESDEN		
Dreux	‡	16
Dunkerke		60
Dusseldorp		
Elna	‡	176
Epernay		32
Estampes		13
Evreux	‡	19
Falaise		44
Fescamp		48
la Fleche		54
Foix		152
Fontaine Bleau		14
Francfort		
Frejuls	‡	169
Fribourg		112
GAND	‡	65
Gap	‡	140
GENEVE	‡	105
Gex		104
Glandeves	‡	170
Grace	‡	172
Granville		68
Gravelines		58
Gray		74
GRENOBLE	‡	118
Gueret		80
Guise		34
Ham		26
Hambourg		
HANOVER		
Harfleur		43
Havre de Grace		45
HEIDELBERG		
Hesdin		42
Hombourg		90
Honfleur		40
Huningue		112
Joigny		33
Ipres	‡	55
Issoire		86
Issoudun		59
Landau		105
Landrecy		40
Langres	‡	57
Laon	‡	29
Lavaur	‡	136
Lectour	‡	136
Leipsick		
Liege	‡	72
Lille		50
Limoges	‡	83
Lisieux	‡	34
Loches		64
Lodeve	‡	132
Lombez	‡	146
LONDRES	‡	92
Longwye		68
Loudun		78